Lo que la economía esconde

Lo que la economía esconde

Claves para entender el mundo que nos rodea

JOSE ANTONIO VIZNER

EDICIONES DEUSTO

Deusto es un sello editorial de Centro de Libros PAPF, SLU.
Av. Diagonal, 662-664
08034 Barcelona
www.planetadelibros.com

Diseño de la colección: Sylvia Sans Bassat

Primera edición: abril de 2024
Segunda edición: mayo de 2024
Depósito legal: B. 3.968-2024
ISBN: 978-84-234-3712-2
Composición: Realización Planeta
Impresión y encuadernación: Gómez Aparicio Grupo Gráfico
Printed in Spain - Impreso en España

PEFC Certificado
Este libro procede de bosques gestionados de forma sostenible
PEFC
PEFC/14-38-00305
www.pefc.es

A Susana, mi gran amor; y a mis siete estrellas:
María, Susana, Jose, Catalina, Pablo, Inés y Paloma

A mi abuela Tona, en el cielo, siempre cuidándome

Y a mis padres, que me lo dieron todo, que me dieron la vida

Sumario

Introducción

Con este libro sobre lo que la economía esconde voy a intentar sacar a la luz todos los datos que quedan ocultos a la hora de expresar lo que está sucediendo en la realidad económica. Cada día nos enfrentamos a un mundo complicado en el que, de la realidad que nos presentan los medios de comunicación, los gobiernos y los agentes económicos, debemos extraer aquello que éstos no nos presentan.

Lo bueno y lo malo de la economía es que siempre hay zonas oscuras y siempre hay un «lado humano» en la selección, la elaboración y la presentación de esos datos que luego vemos. Y, sobre todo, fuera de los datos, encontramos las verdaderas razones de lo que sucede. De ahí que sea tan importante que el dato respalde el relato, y no que el dato mate el relato. Y por ello veremos en este libro gráficos que son representaciones reales de lo que está aconteciendo.

En nuestros días, los periodistas podemos ser meros hilos de transmisión de los poderes públicos y empresariales, o bien podemos ser quienes busquen entre el ruido de nuestro tiempo para ser el verdadero cuarto poder (el periodismo, la prensa). Todo ello hay que verlo desde la óptica según la cual ese cuarto poder ya no parece que sea sólo una potestad de los medios de comunicación... Ya sabes a qué me refiero: a las redes sociales y al poder que dan, cada vez más, a cada uno de nosotros como ciudadanos, el poder de desentrañar lo que está oculto, lo que no nos enseñan.

De ahí que sea cada vez más importante que cada uno de nosotros tenga en su mano la formación necesaria para poder construir el relato de un mundo cada vez más complejo, y hacerlo frente a unos poderes que buscan que cada vez tengamos menos información fiable dentro del enorme ruido mediático. Tenemos mucho más de todo. Demasiado de todo.

¿Piensas que las guerras y los intereses geopolíticos son personales? ¿O crees que son la base de la mayoría de las decisiones económicas que vemos que se toman a nuestro alrededor?

Es a partir de ese punto cuestionador desde donde emerge la necesidad de conocer para entender. Hablo de conocer desde los intereses que hay detrás del mercado del petróleo y las materias primas hasta las claves geopolíticas que mueven los negocios.

Por ejemplo, ¿cómo puede ser que el G7 tenga un tope al petróleo ruso pero que, en octubre de 2023, tengamos un precio del petróleo de los Urales (el ruso) por encima del precio del brent? ¿Cómo puede ser que Rusia venda por encima del tope del petróleo impuesto por las grandes economías del mundo? ¿Cómo puede ser que alguien compre a Rusia petróleo si lo tiene prohibido? ¿Cómo puede ser que Europa impida a alguien comprar petróleo ruso?

Y aquí emerge un complejo sistema económico mundial en el que todo está interrelacionado; y eso iremos viendo en este libro. En ese sistema económico hay unas élites con un marcado carácter globalista que tienen un objetivo fundamental, lo cual constituiría la primera de las claves que hay que analizar. Quieren de ti, de mí y de todos los ciudadanos un dólar al día como objetivo para repartirse el gran pastel económico y tener la fuerza necesaria para conseguir todos los cambios sociales que se proponen. Un dólar para lograrlo todo. Y tú dirás: «Pero eso es poco, ¿no?». Pero, con aproximadamente 8.000 millones de personas en el mundo, ¡son 8.000 millones de dólares... al día! ¿A que ahora ya no te parece tan poco? Pues ésa es la base sobre la que todo se mueve.

Y luego hay elementos colaterales. Cuando el mundo habla de desdolarización, se puede ver cómo la política de bloques mundiales (China y Rusia frente a Estados Unidos, Japón y Europa) puede acabar ya no con el dólar, sino con el euro, sin haberse dado cuenta prácticamente nadie. Observemos el gráfico I.1.

Gráfico I.1. Caída de los pagos en euros mediante el sistema SWIFT

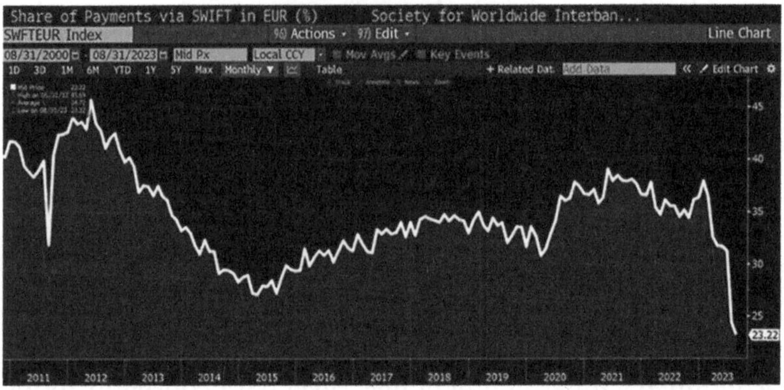

Fuente: Bloomberg.

Mientras miramos cómo se está viendo afectado el dólar estadounidense, el euro está dando un paso atrás grandísimo. Pero ¿cómo puede ser que el gran perjudicado de la desdolarización sea el euro y no el dólar? ¿Qué papel juega el petróleo en esto?

Este tipo de cosas son las que vamos a plantear en este libro. Como ves, la ciencia económica tiene cada vez más difícil abordar desde un plano sencillo aquello que marca la agenda de los negocios y de la economía, que se ha convertido, cada vez más, en un intrincado ecosistema complejo donde las variables se van multiplicando y complican la toma de decisiones correctas por parte de los directivos de las compañías. Lo que hay son intereses empresariales, ideológicos, geopolíticos y de negocio y, sobre todo, hay escasez de información, o, peor aún, hay ruido.

Las redes sociales y la información compartida en tiempo real han llevado al mundo a una situación en la que se dispone de demasiados datos. Frente a la información privilegiada, que todavía es clave fundamental, encontramos un exceso de ruido informativo, con demasiados datos «interesados» para que la toma de decisiones esté sesgada o tenga como horizonte conseguir la decisión buscada por unos pocos.

Hoy, todos los temas, desde el precio del oro hasta la compra de acciones de compañías, la renta fija, el petróleo, las criptomonedas o la venta de armas, tienen en común el hecho de que hay información que no todos saben interpretar o encontrar de la manera adecuada.

Como probablemente sabrás, ése es mi trabajo diario en el canal Negocios TV. Cada mañana me enfrento al reto de intentar desentrañar qué hay detrás de lo que parece, de lo que nos cuentan y de lo que dicen que tenemos que ver. Te aseguro que la tarea se complica cada mañana. Porque cada vez es más difícil desentrañar todo lo que se ve y lo que no se ve.

En este libro vamos a intentar enfrentarnos a ese reto, el de qué esconde la economía.

1

Las economías occidentales ante la segunda guerra fría

El mundo nacido tras la guerra de Ucrania será un mundo dividido: entre quienes gobernaron el mundo y quienes emergen ahora; entre quienes disponen de los recursos naturales y quienes tienen la tecnología (o creen tenerla). Desde que a inicios de 2022 Rusia invadiera Ucrania, el mundo se enfrenta a una economía en proceso de desglobalización. Todo lo andado para poder crear un mundo global ha quedado en jaque.

Estados Unidos sigue poseyendo una gran parte del poder tecnológico, y la llegada del *fracking* (fracturación hidráulica) también le dio el poder energético, pero, ahora, el conjunto de Rusia, China, el Asia-Pacífico, América del Sur y África tiene un poder que no conocemos del todo hasta dónde puede llegar. Esos países y regiones tienen una gran masa de población capaz de generar y desarrollar un nuevo gran avance en el mundo. Esa parte del mundo, parcialmente «olvidada», tiene ahora una gran oportunidad de desarrollarse más allá de una globalización congelada, que, o bien no llegó, o bien estranguló su futuro.

Luego abordaremos el caso de Argentina y otros países que, en las últimas décadas, viven de esa oportunidad perdida. Y veremos cómo un nuevo modelo puede ser su solución, más allá de los cantos de sirena actuales de la globalización. Para otros países, sin embargo, la globalización ha supuesto una gran oportunidad que han aprovechado bien. Estados Unidos ha creado un bloque de crecimiento anclado en dar oportunidades a aquellos que han sabido volcar su economía a las necesidades que podían complementar la de la primera economía del mundo.

Pero ahora parece que todo será diferente. China y Rusia forman un bloque complementario perfecto, y ese bloque viene a plantear una sacudida al crecimiento de Occidente tal y como lo conocemos. La crisis desatada desde el inicio de la guerra de Ucrania tiene mucho más que ver con esa «guerra fría económica» y con el cambio de modelo que con el estallido de la contienda bélica. Es como si el mundo buscara una excusa para dividirse en bloques; es como si la fuerza de la economía buscara el momento de separar una economía puramente capitalista de un mundo que busca el asalto económico por la vía energética. Y Estados Unidos y Europa buscan cambiar esa vía para convertir la transición energética en el movimiento que acabe con el elemento fundamental de gran parte del crecimiento de una parte del bloque opuesto: el petróleo.

De ahí que lleguemos al escenario de la guerra de Ucrania con una economía emergente, China, una promesa por pulir, India, el declive de Alemania y Europa y la necesidad de Estados Unidos de proteger su economía para evitar el desastre. La imagen es la de un nuevo bloque que emerge al calor de la «economía madre», China, y la de un viejo bloque que no cesa de perder lo ganado en el último siglo, desde la caída de los imperios, al calor de una economía fuerte que todo lo controla, la de Estados Unidos. En el gráfico 1.1 se puede apreciar el cambio que se está produciendo en el ascenso de una economía, la de China, que podría dar el *sorpasso* hacia 2030, o quizá algo antes de 2050, o tal vez nunca.

Gráfico 1.1. PIB comparado entre Estados Unidos, China y Europa

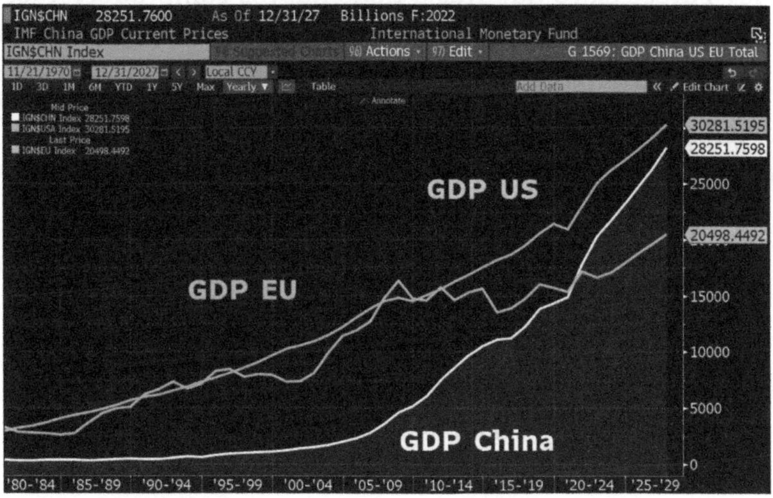

Fuente: Bloomberg.

Al ver el gráfico 1.1, uno piensa que todo puede estar a punto de suceder. Pero ahí entra en juego lo que no vemos que está sucediendo. ¿A quién le beneficia más la guerra de

Ucrania en un plano económico? Depende. Energéticamente, para China, la guerra de Ucrania ha supuesto una jugada maestra para obtener una energía barata que le permite crecer sobre una base sólida: el petróleo ruso. Y, además, de paso, le quita a Estados Unidos un soporte fundamental de crecimiento económico para su bloque: Europa. Alemania gripa su motor industrial al ver que la energía barata, que era la clave fundamental de su crecimiento desde el inicio del siglo XXI, se ha acabado. Por lo tanto, el bloque de Estados Unidos y Europa pierde fuelle. Europa queda atrás en el camino. Hasta aquí, todo parece claro. Pero no es así.

¿Qué sucede con el tránsito de gas y petróleo en el mundo? Parece claro que Rusia tiene nuevos compradores; los ha conseguido en el área de Asia-Pacífico. El movimiento ha sido extremadamente rápido. ¿Y qué ha pasado con Estados Unidos? Pues que ha encontrado una nueva vía, un nuevo hueco donde antes no conseguía ser una potencia mundial. Ahora tiene un cliente potencial para su gas que no había soñado tener —y si lo había soñado no lo había dicho a la opinión pública—. Se trata de Europa, que tiene que pagar al precio que sea el gas natural licuado para que su economía no se pare del todo. Europa puede dejar de ser tan competitiva, pero no se puede parar. Y ahí entra en juego Estados Unidos. Con ello, podría parecer que el bloque occidental se ha debilitado. Pero no es así. El bloque tiene una «economía madre» más potente. Porque ahora Estados Unidos es un actor fundamental en el gas.

Pero, claro, para Rusia era relativamente fácil crear un nuevo mercado, porque tenía ya hechas gran parte de las infraestructuras. Pero ¿cómo podía Estados Unidos hacer lo propio con Europa? Casualmente, Estados Unidos vio hace mucho tiempo que podía crear una infraestructura de gas natural que le permitiera hacer que su economía de importación gasista pasara a ser de exportación. Y todo ello a pesar de que no tenía compradores. ¿Cómo pudo saber dimensionar su poder exportador si no conocía los compradores y no sabía cuáles eran las rutas para poder hacerlo?

Es extraño explicar cómo la primera economía del mundo previó que Europa necesitaría gas y qué capacidad tenía que preparar ya en 2010 para poder hacer frente al reto de convertirse en una economía exportadora. No sabía que Rusia dejaría de ser el país que le suministrara el gas a Europa y, además, tenía ante sí todo un movimiento mundial para ir hacia fuentes verdes, entre las que el gas, en ese momento, no figuraba como fuente verde fundamental. Sólo posteriormente hemos visto a Europa aceptar el gas como fuente de energía verde.

En el gráfico 1.2 se ve perfectamente que hay un momento en el que Estados Unidos decide, de manera un poco extraña, convertir su economía en ese sustituto de Rusia para Europa. Y se observa que hay un momento álgido en el que Estados Unidos ya tiene la capacidad para dar respaldo a Europa cuando ésta pierde el gas ruso tras el inicio de la guerra de Ucrania. Es justo cuando comienza dicha guerra que Estados Unidos puede ser el apoyo energético que necesitaba Europa. Pero no en 2016, ni en 2017, ni en 2018. Y todo eso viene apoyado por un fuerte aumento de las infraestructuras para poder convertir lo que era una economía puramente importadora en una economía exportadora.

Pensemos en el tema de con qué contratos contaba Estados Unidos para dar la vuelta a su economía y convertirla en exportadora de gas. Ahora tiene ya contratos con Europa que permiten respaldar la inversión realizada. Pero no los tenía en 2016, cuando los sucesivos gobiernos de Estados Unidos estaban realizando una inversión sin el soporte claro de contratos de países que le fueran a comprar ese gas.

Gráfico 1.2. Exportaciones de gas de Estados Unidos

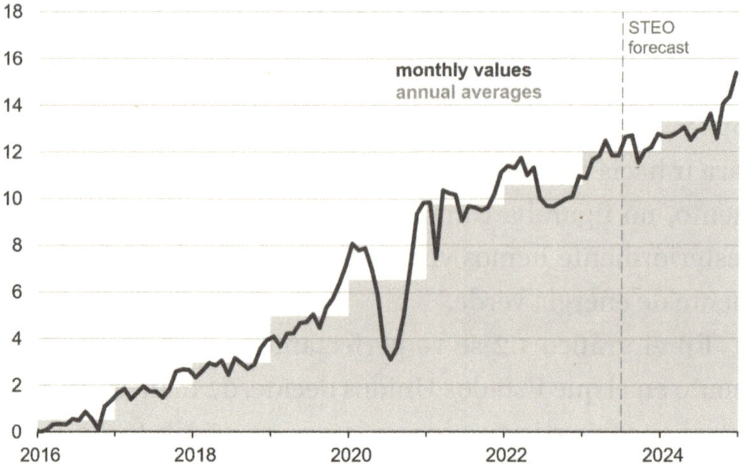

Fuente: U. S. Energy Information Administration, Short-Term Energy Outlook, julio de 2023. Datos provenientes de U. S. Natural Gas Supply, consumption and inventories.

En el gráfico 1.3 vemos los diferentes picos de la capacidad gasista de Estados Unidos sobre la base de la infraestructura actual. Va aumentando, y lo hace cada vez más.

¿Y de dónde sale toda esta nueva capacidad exportadora de Estados Unidos? Pues en el gráfico 1.4 vemos la clave que indica que había un plan para convertir la economía en exportadora de gas, pero sin clientes. Los clientes ya vendrían después. Pero Estados Unidos necesitaba una economía de bloques. Y ahora la tiene.

Gráfico 1.3. Exportaciones y capacidad de GNL de Estados Unidos*

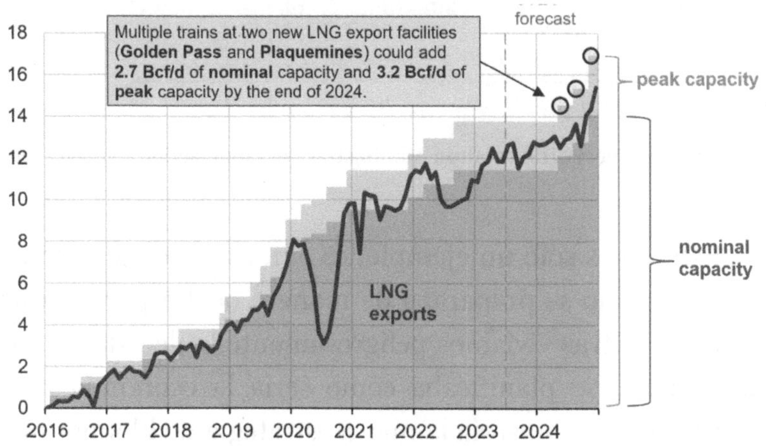

* Los trenes múltiples de dos nuevas instalaciones de exportación de GNL (Golden Pass y Plaquemines) podrían añadir 2,7 Bcf/d de capacidad nominal y 3,2 Bcf/d de capacidad máxima a finales de 2024. Previsión de capacidad máxima y nominal.
Fuente: U. S. Energy Information Administration, Short-Term Energy Outlook, julio de 2023.

En el gráfico 1.4 puedes ver que todo estaba planificado para conseguir tener una capacidad exportadora que no se veía que tuviera un cliente a largo plazo que le diera sentido. Hasta que, con la guerra de Ucrania, Europa se lanza en los brazos energéticos de Estados Unidos tras romper su alianza gasista histórica con Rusia.

Gráfico 1.4. Proyectos de exportación de GNL de Estados Unidos

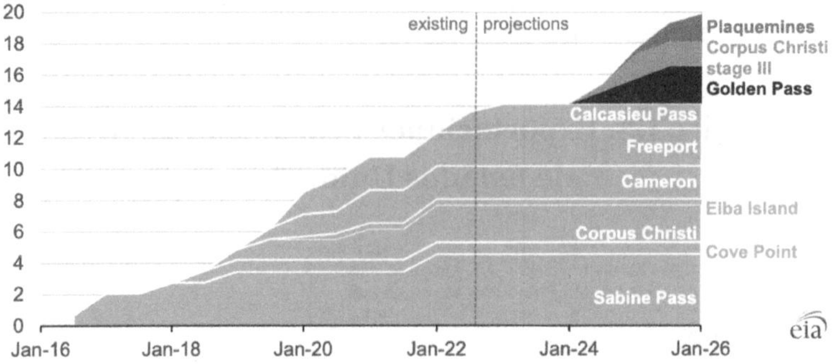

Fuente: U. S. Energy Information Administration, Liquefaction Capacity File.

Esto no es sólo un ejemplo, es el más claro ejemplo de que el mundo se preparaba de manera oculta para lo que venía. Mientras vivíamos peligrosamente la década del dinero gratis, se planificaba cómo sería la economía pos-COVID 19 y cómo sería la nueva estrategia de bloques que conduciría al mundo a reordenar la economía mundial y a basarla en un nuevo modelo. En ese modelo, Estados Unidos y China liderarían cada uno su propio bloque, mientras que la globalización retrocedía tras décadas de ampliación.

La nueva economía a la que nos dirigimos tiene un componente claro: la posición defensiva de Estados Unidos para que China no se convierta en la primera economía del mundo. Pero, a partir de ahí, esa nueva economía mundial tiene muchos más componentes clave, como, por ejemplo, la tecnología.

Pero primero vamos a situarnos para conocer qué tiene cada bloque en la nueva economía en la que nos adentramos.

El bloque occidental/G7/OTAN

Estados Unidos, junto con Europa, Japón y el Reino Unido conforman el bloque occidental, que tiene como elementos clave el G7, la OTAN, el Banco Mundial, el Fondo Monetario Internacional y el concepto «antiguo» de la ONU. Sobre ese eje se vertebra la potencia del bloque que ha dominado todo en los últimos siglos.

Este bloque occidental tiene una economía basada en el bienestar social, el poder coercitivo a través de instituciones internacionales, la tecnología y el desarrollo puntero a través de ella y un sistema económico basado en el dólar, alrededor del que todo gira. Los intercambios comerciales y la globalización han servido para que los países del llamado Norte expandan su poder y para que la tecnología, como desarrollo fundamental desde la década de 1980, signifique que ese poder se queda en las mismas manos. O al menos eso es lo que se espera.

Pero este bloque no tiene recursos energéticos suficientes. Sólo Estados Unidos, desde la utilización del *fracking*, ha conseguido colocarse como el principal productor de hidrocarburos del mundo, que no es poco, pero el resto de los países viven sometidos por una legislación y una opinión pública que mayoritariamente quiere que otros exploten el terreno, aún a costa de tener que pagarlo más caro, que hacerlo ellos y tener que pagar el peaje de una opinión pública dominada por el mensaje antiexplotación de los recursos naturales. De tal manera que, como hemos visto, al final, Estados Unidos, en una política de bloques económicos, le pide al resto de los países que se someta a su estructura. Y ello conlleva no comprar gas entre bloques a fin de no potenciar a Rusia, así como las sanciones económicas contra todo lo que cambie o se mueva del bloque occidental. Lo cual es siempre un mecanismo defensivo.

La tecnología es la clave. Y, para ello, las sanciones son la puerta para evitar que China consiga dar el *sorpasso*. El problema es que China sabe llegar a puerto desde distintas rutas. Y si Estados Unidos le prohíbe llegar a microchips de menos de 14 nanómetros, de repente, Huawei presenta un móvil que tiene uno de ellos de 7 nanómetros.

Estados Unidos basa parte de sus opciones en la economía de bloques en que China y Rusia tengan un declive tecnológico que permita mantener la posición y someter al otro bloque económicamente. Aunque tengan energía, quiere que la tengan sin el desarrollo tecnológico que sí puede convertir al bloque de China y Rusia en el líder mundial junto con los otros países BRICS.[1] De ahí que Estados Unidos no quiera ceder ni un milímetro en ese terreno y busque cerrar el paso completamente a sus rivales.

¿Qué más tiene el bloque occidental? Cuenta con el desarrollo de la sociedad, unido a una economía de servicios que permite dar un salto cualitativo al crecimiento a través de vender una serie de productos que son escalables y que no necesitan una producción continua. No necesitas estar extrayendo petróleo todos los meses para tener más suscriptores de Netflix; pero sí tienes que crear más contenido. De tal manera que Occidente ha creado una sociedad

1. Acrónimo que alude a las economías emergentes de Brasil, Rusia, India, China y Sudáfrica.

del contenido, lo cual es la base fundamental de su crecimiento.

Mientras que las manufacturas de Occidente van perdiendo terreno ante las del bloque de China, el sistema del bienestar social occidental se presenta prácticamente como incompatible con el objetivo de seguir siendo competitivo con la sociedad china y su modelo, que se basa en esfuerzo, esfuerzo y esfuerzo. Mientras, Occidente es un modelo caduco que busca el beneficio social que le permite el hecho de haber tenido antes generaciones y generaciones que han establecido el esfuerzo como elemento fundamental, además de, como no se puede obviar, la pasada época expansiva y extractiva de los imperios, período en el que se esquilmaban los recursos de los llamados países del Sur para que los del Norte pudieran alcanzar mayores crecimientos con los que establecer ese sistema de estado de bienestar. Una vez perdidos los imperios de Occidente, y siendo el Sur esa economía emergente que tiene los recursos, Occidente pierde la gasolina de su motor y tiene un problema mayor: la deuda.

Para conseguir pasar de un modelo a otro, y sobre todo en las últimas décadas, los países del G7 (el Norte) han utilizado el endeudamiento como elemento clave para mantener un falso poder adquisitivo y un falso modelo de sistema de bienestar social que tiene como pata fundamental endeudarse para cualquier capricho que sus ciudadanos quieran tener y no pueden pagarse. Puedes sacar pecho con el sistema de pensiones creado por Occidente como uno de los elementos de mayor desarrollo del último siglo, pero entonces te das cuenta de que se basa en el endeudamiento y de que, ahora mismo, con la pirámide poblacional que tiene Occidente, no sería capaz de mantenerlo ni un día más, si no fuera por el poder del endeudamiento de sus economías.

La deuda es el motor que, en las ilusiones de Occidente, sustituye el poder que antes les daban los imperios a las economías del Norte. Pero la deuda es una bomba de relojería que podría comprometer a las futuras generaciones y producir un salto hacia atrás sin precedentes. El famoso discurso occidental de que cada generación vive mejor que la anterior está a punto de ser eliminado en el salto generacional que vamos a vivir entre la actual generación y las siguientes generaciones.

Por todo ello, la tecnología, los recursos naturales de Estados Unidos, la deuda y la economía de servicios son la clave del bloque del G7 y de Occidente. Pero todo ello no podría sostenerse mucho tiempo sin el modelo geopolítico actual: el de las instituciones supranacionales, que se sitúan por encima de los gobiernos nacionales y que controlan las relaciones entre países. Tras la Segunda Guerra Mundial, Occidente se procuró un sistema que mantuviera el *statu quo* conseguido gracias a un modelo basado en el dólar y que tenía en esas instituciones supranacionales la clave para someter a una parte de los países que quisieran salirse del redil. Sólo hay que ver la situación interna y externa de Argentina, uno de los países más ricos en recursos en el mundo y que vive sometido a una rueda incesante de deuda y de crisis sin precedentes.

Esas instituciones juegan el papel de apoyar el desarrollo de determinadas economías que después juegan un papel fundamental para lo que ahora es el bloque dominante, pero que en las últimas décadas era simplemente Estados Unidos.

Atrás ha quedado esa era de las manufacturas, de los Ford, de las General Electric, etcétera, que, junto con Alemania, podrían haber dado un soporte económico clave para el bloque occidental. Ahora vemos que Europa quiere defender su industria automotriz en un momento en el que China despliega todo su poder en las energías renovables gracias a haber explotado sus tierras raras mientras Europa prefería no hacerlo.

Porque el capítulo fundamental con el que no cuenta Europa es la energía. Sin el petróleo ruso y sin una transición energética creíble, el Viejo Continente vive sometido en el presente ante Estados Unidos y China, y lo estará en el futuro. Esa crisis de los vehículos eléctricos que vivimos en Europa ahora por los errores del pasado a la hora de planificar la economía y los recursos naturales necesarios viene a constatar que China es quien mejor ha hecho ese desarrollo. Desde la extracción a la entrega del vehículo no hay manera de defenderse económicamente del poder chino. Y, por tanto, una de las patas principales de Europa en el último siglo, la movilidad, está prácticamente perdida.

El gráfico 1.5 representa a la perfección cómo se encuentran posicionados los distintos países o regiones dependiendo del momento de la cadena de suministro o producción de un vehículo eléctrico. Verás que, ahora mismo, China no tiene rival. En este gráfico puedes ver cómo se van posicionando los distintos países a lo largo del proceso de producción de un vehículo eléctrico (EV, por sus siglas en inglés), desde la minería hasta las baterías y la entrega o los puntos de carga del vehículo. Ahí se ve cómo Europa tiene una posición extremadamente complicada para poder ser competitivo. Sólo tiene un camino, la subvención. Y, aun en ese caso, no es posible competir frente al poder que China representa en cada una de las fases de producción.

Gráfico 1.5. China domina el sector de la movilidad eléctrica (en porcentaje de participación en la producción mundial)

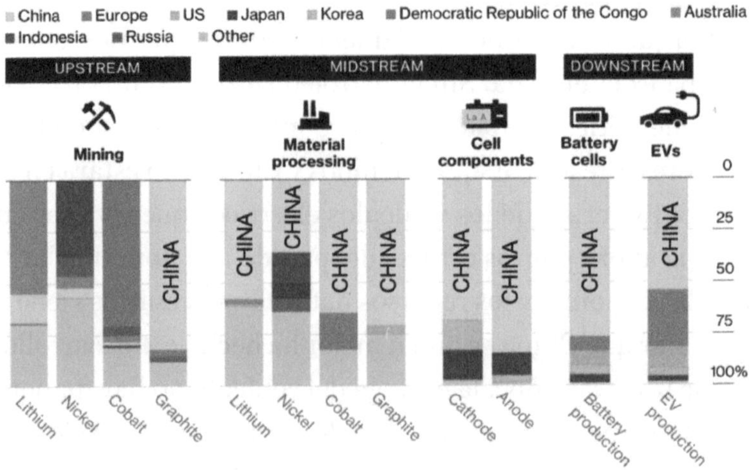

Fuente: Agencia Internacional de la Energía (AIE); informe publicado en julio de 2022.

Lo que Estados Unidos o Alemania tenían desde la creación del vehículo a motor se acaba de perder al dar el salto a los vehículos eléctricos. Hasta el punto de que la propia Tesla, natural de Estados Unidos, no podría competir como lo hace sin la aportación de sus plantas en China.

China es el factor clave en la nueva economía. Domina casi todas las áreas que llevarán al coche eléctrico a ser el claro protagonista de las carreteras en un futuro muy próximo: desde la fase anterior a la producción, pero necesaria para poder elaborar las baterías y tantas partes del desarrollo eléctrico, hasta su puesta en funcionamiento en la fábrica. Y aquí podemos ver cómo la explotación de las tierras raras es uno de los elementos clave. Sin las tierras raras difícilmente se podrá ser un actor competitivo global en este sector y en la mayoría de los otros sectores punteros, como el de los semiconductores.

En España tenemos un ejemplo muy claro de cómo nuestras sociedades occidentales prefieren ceder a una opinión pública a la que se ha educado más para oponerse a la explotación de tierras raras que para avanzar en el desarrollo de una gran industria de baterías que aporte una gran cantidad de puestos de trabajo y unas empresas competitivas a escala mundial.

Tenemos que irnos a Extremadura, a la sierra de Valdeflores, en Cáceres, donde la empresa Extremadura New Energy dice que se encuentra el segundo mayor yacimiento de litio de Europa. La idea era explotarlo como una mina subterránea, tras negársele hacerlo como una mina a cielo abierto. Pero la situación es de bloqueo total y de parálisis, a pesar de la necesidad que puede tener Europa, y no sólo España, de contar con minas de litio que permitan crear una industria para el coche eléctrico potente ya desde la extracción de los minerales clave para su desarrollo.

Con todo ello se puede comprobar cómo uno de los bloques cuenta con recursos naturales y con una opinión pública laxa (o indiferente) que le permite prepararse para la nueva economía, mientras que el otro bloque cuenta con recursos limitados cuya explotación, al mismo tiempo, se ve limitada (cuando no paralizada) por la opinión pública de sus países.

De ahí que nos podamos encontrar ante la fotografía más kafkiana que Occidente podía imaginar. El bloque de China, Rusia, India y Arabia Saudí tiene todo lo necesario para la nueva economía, vía recursos naturales. Y Europa y Estados Unidos tienen una máquina de hacer dinero muy ecológica pero ruinosa a largo plazo. Europa y Estados Unidos pueden seguir generando déficits que les permitan mantener el nivel de vida de sus ciudadanos y mucho dinero para seguir invirtiendo en una economía de servicios, en una economía que no se toca ni se crea, sino que se fabrica en unos y ceros y se consume digitalmente o virtualmente, frente a la economía productiva del bloque de China, que tiene todo para la fabricación y la creación de los productos que tocamos y disfrutamos en el día a día en la vida real, no en metaversos.

Pero hasta ahora nos hemos dejado un tema importante: el dólar. Occidente tiene todo un sistema basado en la absoluta supremacía del billete verde. Todo gira en la economía alrededor de él, todo orbita alrededor de él. Y ésa es la gran baza de Estados Unidos: un sistema que se basa en el dinero, que tiene una máquina casi infinita de creación de dinero y que cuenta con la moneda más fuerte del mundo en el lado occidental.

Es un mecanismo para crear crisis, para someter a países contrarios ideológicamente y para conseguir expandir una economía mediante la creación de más dólares. Y he aquí una de las grandes claves sobre las que se construye el conjunto de la economía occidental. Todo parece supeditado al todopoderoso dólar. De ahí que las economías del bloque de China apuesten por un camino diferente, por el camino de desdolarizar sus economías; porque han entendido que, viviendo en un mundo dominado por el dólar, sólo hay un posible ganador, sólo hay un posible «dueño» de la economía, que es Estados Unidos.

Desde el sistema bancario occidental, hasta la posibilidad de establecer sanciones económicas, poder frenar exportaciones básicas gracias a la moneda y la operatividad del Fondo Monetario Internacional con sus habilidades para hacer salir o no de la crisis a un país, todo se basa en el dólar. Todo el sistema en el que vivimos está bajo el paraguas del poder de esa divisa, de su fortaleza para cambiarlo todo. No se entendería Estados Unidos sin la existencia del dólar, y no se entendería su poder total sin la salida del sistema anterior a los Acuerdos de Bretton Woods, de 1944,[2] en el que imperaba el patrón oro. En una economía con las monedas sometidas sólo al patrón oro, Occidente no habría podido crear un sistema de sometimiento económico al disidente, no habría podido generar un avance tan destacado de sus economías frente al resto de las economías. Y en Bretton Woods se adoptó el dólar estadounidense como divisa de cambio internacional, si bien manteniendo aún su vinculación con el patrón oro hasta más o menos 1971, cuando el dólar pasó a ser la referencia cambiaria absoluta.

2. Acuerdos que estuvieron vigentes *de facto* hasta inicios de la década de 1970.

Una moneda fuerte lo ha sido todo en los últimos siglos, pero sobre todo lo ha sido tras haberse despegado del oro, ya que ha conseguido ser esa parte fundamental de crecimiento y sometimiento ante un nuevo ser todopoderoso: el dólar.

El bloque oriental/China/India/Rusia/ Arabia Saudí

¿Qué tienen en el bloque oriental que les permite soñar con asaltar a la primera economía del mundo? Aunque pienses que se trata de recursos naturales (y si lo haces estarás en lo correcto), lo más importante ha sido durante décadas (y lo seguirá siendo durante otras décadas más) la población. Si algo caracteriza al bloque oriental es la cantidad de personas que viven en él y que impulsan el conjunto de su economía mediante una mano de obra barata, abundante, cualificada y dispuesta a hacer grandes sacrificios laborales para conseguir tener una mejor calidad de vida y una mayor prosperidad para sus sociedades.

En 2023, la ONU estimó que India ya es el país más poblado del mundo, con 1.428 millones de habitantes, superando así a China, con 1.425 millones de ciudadanos. Sumada, la población de ambos países prácticamente alcanza los 3.000 millones de habitantes, cuando el mundo entero cuenta con unos 8.000 millones. Si juntamos a ello los 145 millones de habitantes con que cuenta Rusia tenemos claramente al bloque de China, India y Rusia como la gran potencia poblacional actual.

En el mundo, el reto demográfico es una de las grandes palancas del cambio. Y en el bloque occidental la población ya prácticamente no consigue el reemplazo, y se prevé que en 2030 tendrá un déficit poblacional agresivo, lo cual deja al bloque oriental como el claro dominador de todo este nuevo mundo económico al que vamos, al menos poblacionalmente hablando. Los grandes grupos poblacionales, como los de India y China, pueden ser la piedra miliar sobre la que se construya el gran cambio económico.

Frente a Occidente, con una población menguante y un envejecimiento de la población que le impide dar un salto en las manufacturas y le obliga a un endeudamiento récord para poder mantener el sistema de pensiones actual, todavía aguantan grandes poblaciones como las de India, China e incluso Rusia.

En resumen, el bloque de China e India tiene un pilar fundamental sobre el que construir: la demografía.

El otro punto fundamental sobre el que se fundamenta gran parte del crecimiento del bloque oriental está en la energía. Y aquí entra en juego, además de Rusia, Arabia Saudí.

En el gráfico 1.6 se observa cómo Estados Unidos, que había conseguido posicionarse como el principal país productor de crudo del mundo, sigue viendo cómo Arabia Saudí y Rusia tienen un papel preponderante en el sector y que, junto con el resto de los miembros de la Organización de Países Exportadores de Petróleo (OPEP), conforman un cártel del petróleo con más poder que el principal productor del mundo.

Gráfico 1.6. Principales países productores de petróleo en el mundo

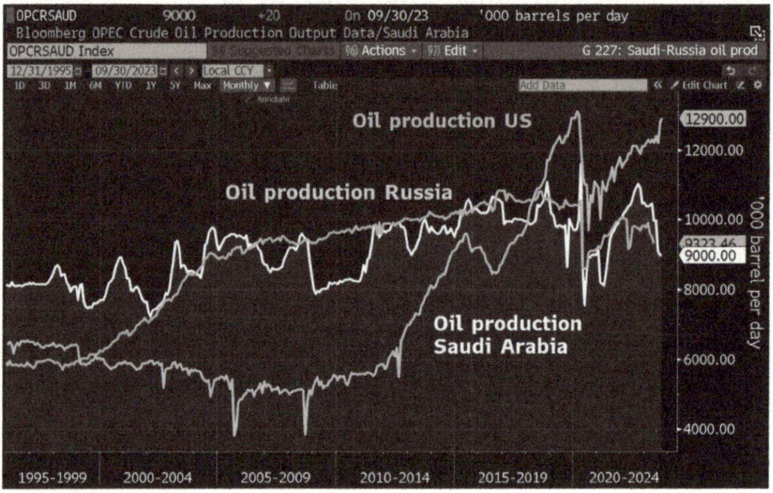

Fuente: Bloomberg.

El punto fundamental en el nuevo modelo no es Estados Unidos, que, aun no siendo autosuficiente, sí tiene una gran autonomía, aunque muy diferente a la que tenía en la década de 1970, cuando la crisis del petróleo afectó a la economía mundial. Pero el crudo estadounidense sí es importante para Europa. Ante el auge económico de China, que tiene una necesidad prácticamente infinita de crudo para su producción actual, Europa ha perdido el principal proveedor que tenía, Rusia, y que le hacía resistir la presión de las pujantes economías de Asia.

Una vez que Rusia ha dejado de venderle a Europa y Europa de comprarle a Rusia, el problema está en ver hasta cuándo puede resistir la economía de Alemania y de los otros países punteros europeos. Sin el petróleo y el gas rusos, Europa ha perdido la fuente de competitividad que le había hecho crecer en el inicio del siglo XXI. Por ejemplo, la industria alemana es intensiva en energía, y hasta para elementos que parecen tan menores como la pintura en la automoción, perder el factor energía lleva a que las exportaciones alemanas pierdan empuje frente a las similares asiáticas. Ya no sólo China, India y el conjunto de países emergentes pueden ser más competitivos en cuanto al factor trabajo, sino que también lo pueden ser ahora por un segundo motivo que antes les impedía poder competir en esa área con Europa: el factor energético.

Además, mientras Europa camina hacia una transición energética con muchas dudas y sin el factor «energía rusa», Asia camina con fuerza en la dirección que la puede convertir en la principal potencia que genera energía limpia o verde, y que, además, tiene el principal mecanismo que impulsa esa transformación: la energía fósil barata para hacer esa transición.

De ahí que China y los países emergentes vengan a liderar el punto clave que ha impulsado gran parte del último siglo. Quien tiene el poder energético tiene el poder de crecimiento, y eso ahora lo tiene Asia de la mano del bloque generado desde el inicio de la guerra de Ucrania.

Junto con ello viene un tema clave del bloque oriental, pero cuyo efecto se dará a demasiado largo plazo como para ver ya sus efectos, y hasta como para ver de una manera nítida cómo se puede producir. Se trata de la desdolarización de la economía y el auge del «petroyuán», una así llamada «moneda» surgida de la conjunción de las grandes fuerzas de dicho bloque. Estamos ante la segunda economía del mundo emergiendo para ser la primera y la segunda gran potencia productora del petróleo. Ambos factores se alinean para intentar obligar a una parte del mundo a dejar la moneda de referencia, el dólar, por una moneda nueva que lidere las relaciones internacionales en materia comercial.

Demografía, energía y una nueva moneda de referencia mundial podrían poner al bloque oriental en el momento exacto para producir un giro que cambie el actual orden mundial por un nuevo orden repartido en dos bloques que tienen un poder sin precedentes en la historia. Y, como se ve, el choque de ambos bloques es inevitable en el medio plazo, lo cual deja al mundo a las puertas de un conflicto económico persistente y en el que las fricciones resultantes, hasta que se vea una nueva economía que reine con potencia, serán inevitables.

El Reino Unido y Estados Unidos hicieron la transición a primera economía del mundo con la Primera Guerra Mundial. Ahí Estados Unidos pasó económicamente a Reino Unido. Pero sin la Gran Guerra es probable que ese cambio no se hubiera producido o no se hubiera producido con la velocidad y claridad con que se produjo. Hoy, muchos indicios indican que el período de guerras que vivimos también apunta a un cambio de régimen económico que conducirá a un nuevo modelo.

Podríamos enumerar más factores en el bloque oriental que apoyan esta tesis, como, por ejemplo, el auge de una clase media (véase el gráfico 1.7) que le lleva a tomar el control de un mundo claramente capitalista. Pero la demografía, la energía y el intento de crear una nueva moneda de referencia son la base sobre la que se quiere hacer pivotar el cambio de modelo y sobre la que el bloque de China, Rusia y Arabia Saudí pueden construir un modelo que conduzca a un cambio del orden mundial.

Gráfico 1.7. El auge de la clase media de China e India

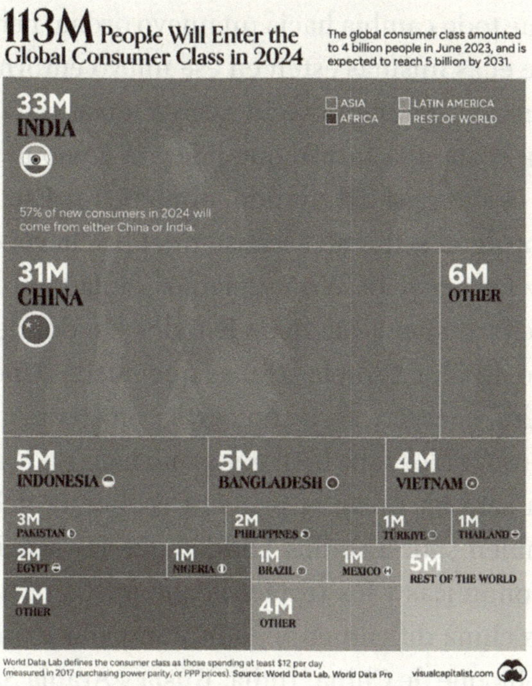

Fuente: World Data Lab, World Data Pro (vía visualcapitalist.com).

Otro punto fundamental tiene que ver con la situación geopolítica. Como en la Guerra Fría entre Estados Unidos y la Unión Soviética en el siglo XX, cada vez que hay una escalada se piensa que estamos cerca de llegar al enfrentamiento, de tal manera que en todo momento se tiene la sensación de que se puede alcanzar el conflicto. Por ello, la tensión en los mercados y los negocios es constante, sin llegar a romper en negativo, pero sin dejar que éstos mejoren y generen un entorno de confianza y crecimiento.

Como ves, en este primer capítulo estamos observando que la situación actual es muy complicada en el corto y medio plazo para las economías occidentales, las cuales están viendo que todo cambia hacia un nuevo orden, pero no perciben que ellas mismas estén en ese nuevo entorno. Y China ve cómo su momento está acercándose cada vez más hacia una economía futura que liderará como la principal potencia económica del mundo, al menos si Estados Unidos no consigue evitar su ascenso final por la vía de la tecnología y los servicios. Y no dejemos de lado el hecho de que la mejor manera que tiene Estados Unidos de impedir el ascenso de China son las trabas que puede poner, trabas comerciales, energéticas, tecnológicas, etcétera.

Estados Unidos sabe bien que, si no hace nada al respecto, China será en breve la primera economía del mundo. Pero también sabe Estados Unidos que las sanciones, las trabas económicas y los tropiezos que pueda provocar a la economía china difícilmente podrán impedir lo que es evidente. El bloque de China, India, Rusia y Arabia Saudí es, a largo plazo, un bloque con más fuerza de desarrollo que el de Estados Unidos y Europa. Y no por culpa de Estados Unidos, sino por el declive final de Europa en la historia.

2

El camino de China hacia su supremacía económica y el auge de Asia

Sin duda, como país, China es el factor clave del siglo XXI. Su ascenso a primera potencia económica y su intento de ser la potencia dominante configuran un cambio de paradigma sin precedentes. El peso del mundo se moverá (de hecho se mueve ya) de Occidente a Asia de manera irreversible. Así será, salvo que Estados Unidos evite que se consume tal reequilibrio. De China podemos no creernos sus datos oficiales, y podemos revisarlos y ponerlos en duda debido al hipercontrol gubernamental, pero la realidad es que China es un «accidente» en el camino del capitalismo. China ha marchado desde el comunismo para convertirse en la posible primera potencia del mundo, y ha llevado a cientos de millones de ciudadanos desde la más absoluta pobreza a la clase media. Sin libertad de expresión, sin verdadero libre mercado, sin los avances sociales alcanzados por Occidente, tal vez con matices, pero con un desarrollo envidiable, China es la nueva gran protagonista en el mundo.

¿En qué situación se encuentra realmente China hoy?

¿Cuál es el verdadero potencial de la economía china? ¿Puede China liderar el crecimiento si promueve un acceso total de la población a la clase media? China tuvo en el siglo XIX su «siglo perdido», pero hay que poner en perspectiva que China fue durante más de mil años la potencia clave en Asia y en una parte del área del Pacífico, y su esplendor estaba al mismo nivel que el que pudiera tener Europa entonces. Su desarrollo y su potencial eran uno de los ejes clave del crecimiento del área. De tal manera que no es que China nos aparezca ahora como una economía emergente de la nada, sino que tuvo un tropiezo que la llevó a perder su poder de desarrollo durante un momento concreto de la historia, para recuperarlo posteriormente con fuerza. Eso sí, la manera en que China sale de ese «accidente» histórico y cómo consigue reflotar su estructura son factores que forman parte de su momento actual.

China lo hizo como no pensaba el mundo que podría hacerlo: en los brazos del comunismo. Pero se ha tratado de un sistema comunista, que aún mantiene hoy, con muchos matices y singularidades a lo largo del tiempo. Es como si la única manera de poder gobernar un país tan grande fuera mediante una planificación total de la economía y una intervención total del sistema. China podría haber sido una monarquía autoritaria, a la manera absolutista europea, o haber construido un sistema sobre la base de destruir el modelo que ya no funcionaba por una solución de intervención total en la economía. Esto es importante, ya que condiciona mucho cómo China acceda a ser la primera economía del mundo —si finalmente lo consigue, como todo parece indicar—. China ya no es un país que mira hacia dentro —lo cual fue necesario durante una parte de su crecimiento, hace cincuenta años—, sino un país que ya quiere volcarse hacia fuera. China tiene su propio modelo, su propia manera de ver el mundo y las relaciones entre países, su propia manera de gestionar las relaciones comerciales, el desarrollo inmobiliario, el sistema bancario, etcétera. Y todo lo hace desde el control y la vuelta a los Estados nación.

Y este último punto también es clave. Lo que para Europa, o incluso para Estados Unidos, es una época que hay que dejar atrás para evitar lo que sucedió en el siglo XX, para China, al igual que para Rusia, es algo que se ve con añoranza. Lo ven con la mirada puesta en que ese estadio de autarquía y de desarrollo y bienestar interior del país se puede hacer mejor de una manera expansionista.

Hay dos cuestiones clave que el mundo occidental tiene que negociar con China: qué hacer con el desarrollo energético que sumió a China en su época oscura en el siglo XIX y levantó a Occidente hacia un mundo eurocéntrico; y qué hacer con el imperialismo. Los dos puntos van a marcar las relaciones comerciales y también la geopolítica en el medio plazo.

Por un lado, China tiene ahora un camino por delante de crecimiento y de liderazgo. Pero una parte de ese crecimiento se basa en utilizar las grandes palancas que han movido a las economías occidentales, como, por ejemplo, Alemania, en los últimos siglos, y que tienen que ver con la energía. La transición energética viene a perjudicar de una manera evidente el crecimiento y desarrollo de China. La sensación de las élites chinas es que Occidente ha esquilmado el mundo en los últimos siglos, quedándose con los recursos naturales a golpe de talonario, y, ahora que ve que ese ritmo lo puede mantener también China o India, entonces, el G7 quiere que no se consuman los recursos naturales con esa intensidad. Ahora, se dice, hay que hacer una transición a otra energía, la verde, que permita luchar contra el cambio climático; sin embargo, la situación actual de riesgo climático la han provocado precisamente los países occidentales.

La percepción que tiene China es que las normas internacionales se van adoptando en función de las necesidades de Occidente, lo cual no sólo considera injusto, sino también imposible de justificar en los organismos internacionales. Así las cosas, en los últimos cuarenta años, China ha logrado un crecimiento económico y unos avances en materia de desarrollo sin precedentes, pero también ha experimentado un aumento de las emisiones de carbono.

Según datos del Banco Mundial, el rápido ascenso económico de China desde la década de 1970 ha multiplicado casi por 30 su renta per cápita, pero también ha hecho que sus emisiones de dióxido de carbono (CO_2) se multiplicaran por más de diez en el mismo período

La fuerte dependencia de actividades intensivas en energía para impulsar el desarrollo económico llevó a China a convertirse no sólo en la segunda mayor economía del mundo, sino también en el mayor consumidor de energía, mientras que su dependencia del carbón como fuente de energía primaria la ha convertido en el mayor emisor actual de CO_2 relacionado con la energía. (Véase el gráfico 2.1.)

Gráfico 2.1. Crecimiento económico y emisiones de CO_2

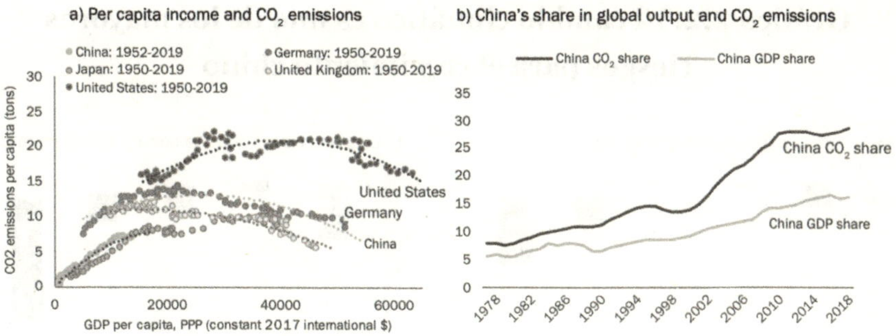

Fuente: World Bank World Development Indicators (WDI), Climate Analysis Indicators Tool (CAIT).

Aquí nos encontramos con uno de los elementos clave. En el gráfico 2.1 (en el de la izquierda), la línea de puntos que corresponde a Estados Unidos nos informa de que el crecimiento de las emisiones ligado a los ingresos per cápita están disparados, mientras se le pide a China que haga un esfuerzo en el Acuerdo de París (2016) para acoplar su economía a un proyecto de mundo en el que se emita menos CO_2.

Dice el Banco Mundial que los grandes retos y, por tanto, las grandes dudas que puedan surgir sobre el desarrollo de la economía china vienen del lado del cambio climático. (Gráfico 2.2.) De esta manera se intenta convencer también a China a nivel internacional de que intentar hacer una transición energética al mismo ritmo que Europa y Estados Unidos le sería beneficioso. Sin embargo, con ello se está ignorando que China no puede cumplir tal propuesta, como tampoco lo habría podido hacer Occidente hace más de un siglo. Las pautas de crecimiento de China se disolverían sin ese empuje energético que le permita hacer crecer la economía y llevar el bienestar al conjunto de su sociedad.

Gráfico 2.2. El cambio climático es uno de los mayores riesgos para el crecimiento chino

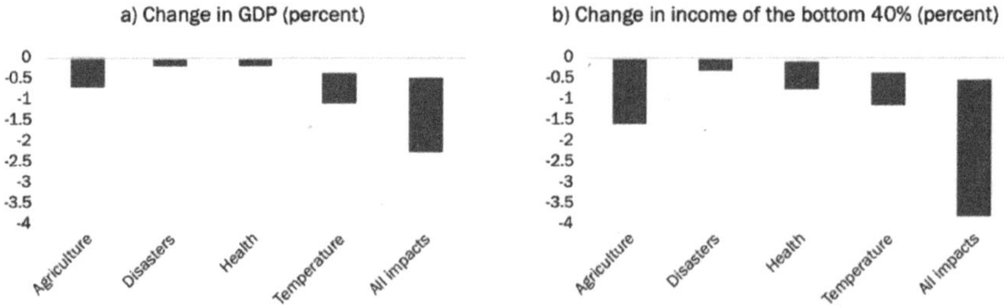

Nota: las barras de cada gráfico representan rangos que corresponden a escenarios socioeconómicos y de cambio climático alternativos.
Fuente: Hallegatte *et al.*, *Shockwaves modeling for China* (2017).

Se intenta que China crezca de la misma manera que Occidente, con energías verdes, pero sin la base del bienestar social que Occidente ya tiene gracias al desarrollo energético no verde que permitió la gran transformación en la que China quedó atrás.

En los gráficos 2.3 y 2.4 se puede ver cómo la necesidad de generar emisiones y de consumo de electricidad marcan un camino muy complicado hacia un mundo verde en China.

En el gráfico 2.3 se observa que el crecimiento de emisiones de CO_2 aumenta a un ritmo más que acelerado desde el año 2000. Desde ese año, China ha comprobado que tiene un camino claro de desarrollo al alcance de su mano, y sabe que no puede dejarlo pasar. Pero pongámoslo en su contexto. Que es lo mismo que hizo Occidente en los últimos 150-200 años.

Gráfico 2.3. Emisiones de CO_2 en China

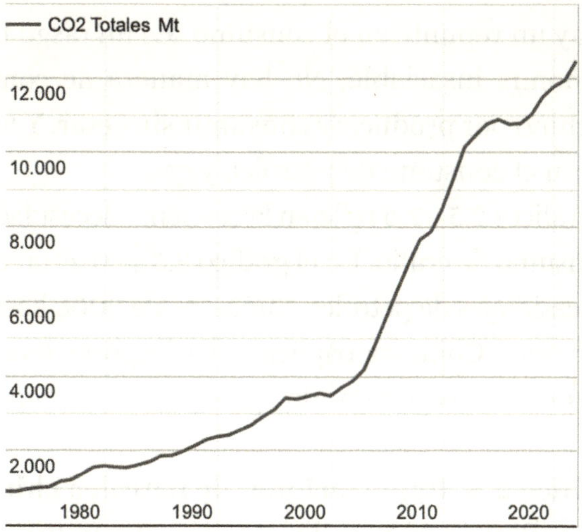

Fuente: datosmacro.com

Gráfico 2.4. Consumo de electricidad en China

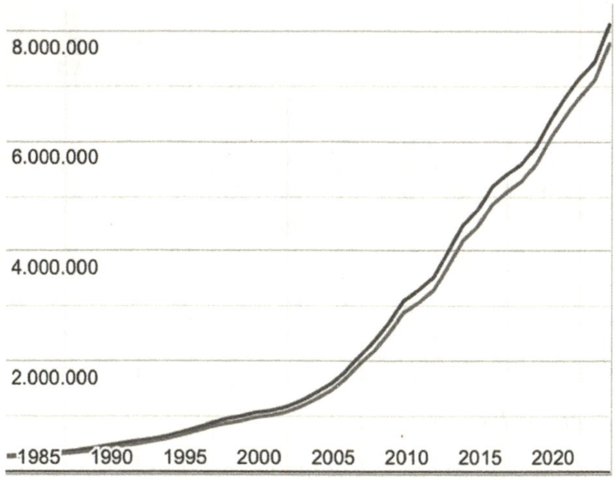

Nota: La línea de la derecha representa el Consumo GWh; la de la izquierda, la Generación GWh.
Fuente: datosmacro.com

En el gráfico 2.4, el del consumo de electricidad en China, se observa que, cada vez que hay un aumento en la capacidad, hay un repunte en el consumo. Es un rasgo típico de una economía insaciable. No hay manera de contener el apetito chino por producir y consumir sin cesar. Y lo mismo sucede con el consumo de petróleo y gas.

Los gráficos 2.5 y 2.6 reflejan la creciente necesidad de China de consumo de crudo. En el gráfico 2.5 se ve el crecimiento de las necesidades de petróleo chinas desde 2008 hasta 2020. En esa carrera, China ha triplicado las importaciones de petróleo para poder seguir dando «gasolina» a su economía.

Gráfico 2.5. Importaciones de petróleo chinas, en millones de barriles diarios (2008-2020)

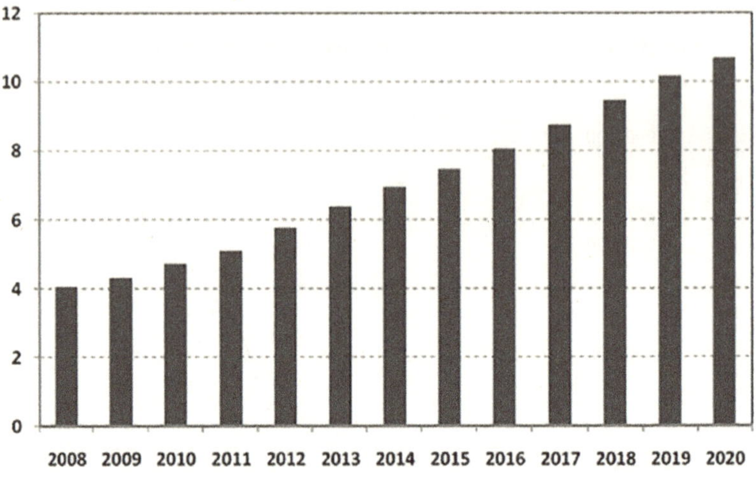

Fuente: *El Blog Salmón*.

Y gracias a que ha encontrado por el camino una solución accidental, el petróleo ruso por la guerra de Ucrania, China se ha permitido seguir creciendo y consiguiendo avances en su economía sobre una base de disponibilidad energética. Es imposible lograr el crecimiento de una economía como la de China sin disponer de un acceso fácil a las diversas energías.

Gráfico 2.6. El petróleo en China: producción, refino e importaciones netas

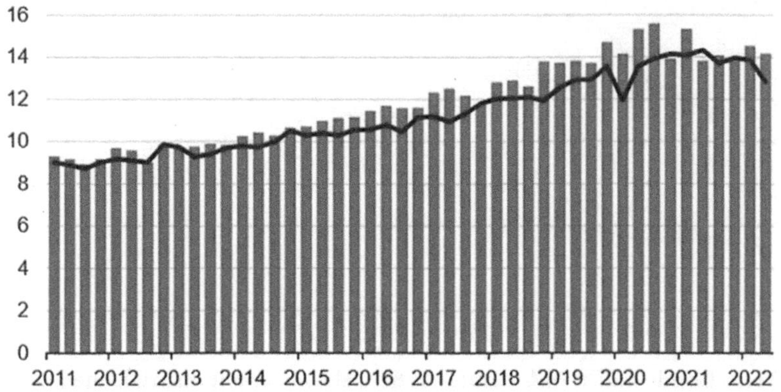

Nota: Las barras representan la producción e importaciones netas del crudo; la línea horizontal es el crudo procesado.
Fuente: Oficina Nacional de Estadísticas de China y Administración General de Aduanas de China (vía Bloomberg).

Si observas los datos de los gráficos 2.5 y 2.6, verás que, desde 2011, la producción y las importaciones sólo tuvieron un punto de parada con la pandemia por la COVID-19; ello evidencia cómo todo el modelo de crecimiento chino entre los años de 2010 y 2020 sólo se vio frenado por una pandemia que rompió las cadenas de suministro y, después, por un movimiento inflacionario que dejaba a China sin poder exportar ni importar las cantidades necesarias para seguir produciendo al ritmo anterior.

Gráfico 2.7. Consumo de Gas Natural por sector

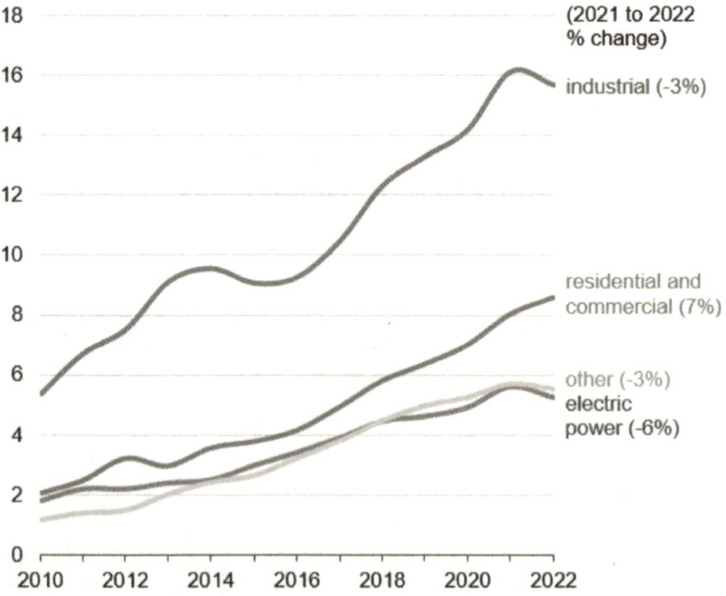

Nota: Donde indica *Industrial* se refiere al consumo industrial, que incluye el gas natural como materia prima. *Otros* incluye calefacción urbana, transporte y otros.
Fuente: S&P Global Commodity Insights, National Bureau of Statistics, China Energy Statistical Yearbooks.

Fíjate en el gráfico 2.7 sobre el consumo de gas en China entre 2010 y 2020 (por sectores), y verás cómo esos datos también apoyan la idea de que el poder de crecimiento industrial chino en la última década, tras una crisis financiera y bancaria mundial, tiene como accidente mayor la pandemia. Pero el camino claro y la potencia de la economía de China estaban intactos.

Si lo vemos en perspectiva geográfica global, podemos ver que en la tabla 2.1 publicada en Wikipedia con datos oficiales de 2018 cómo el nivel de importación estaría todavía más amplio de lo que venía necesitando. Y cómo el consumo de petróleo está disparado en las dos principales economías del mundo.

Tabla 2.1. Consumo de petróleo por países

Puesto	País	Consumo (barriles/día)	Año
1	Estados Unidos	28.700.000	2018
2	China	22.400.000	2018
3	Unión Europea	17.300.000	2018
4	Japón	5.400.000	2018
5	India	4.200.000	2018
6	Rusia	3.800.000	2018
7	Arabia Saudita	2.860.000	2012
8	Brasil	2.800.000	2012
9	Alemania	2.400.000	2012
10	Corea del Sur	2.300.000	2012
11	Canadá	2.280.000	2012
12	México	2.190.000	2020
13	Francia	1.730.000	2012
14	Irán	1.700.000	2012
15	Reino Unido	1.500.000	2012

Fuente: Wikipedia.

Es obvio que China tiene unas necesidades energéticas prácticamente mayores a su capacidad generadora que le permiten seguir la senda de consumo y crecimiento actuales; sin embargo, se le pide que modifique su modelo energético para acometer una transición hacia la energía verde con la que no se sabe si podría impulsar el crecimiento que necesita o que busca.

En este sentido, para Estados Unidos y Europa, el problema es que China ya ha encontrado la energía que necesitaba. La geopolítica le ha puesto en bandeja esa transición que no esperaba, ya que Rusia le está vendiendo el petróleo que no había soñado tener.

Piensa una cosa, ¿qué prefieres para tu negocio, un gran cliente en el que no confías o un cliente normal que paga mejor y es fiable para ti? China era la primera de esas dos opciones para Rusia, mientras que Alemania y Europa eran la segunda opción. Pero la guerra cambió ese equilibrio, tal vez para siempre. Y, claro, China obtuvo lo mejor que podía conseguir sin ni siquiera mover un dedo.

Además de la energía, vayamos ahora a otro punto que comentamos con anterioridad y que supuso un acelerador para Occidente en el pasado: el imperialismo. Una vez que Occidente dejó atrás la época imperialista por exigencias históricas, Europa ya había logrado el gran salto que necesitaba para seguir implementando nuevas palancas para el crecimiento. Además, Occidente ya había puesto en marcha la solución para acabar con el imperialismo, pero pudo tejer un imperialismo económico a cambio del proceso de desconexión de las estructuras creadas en el período anterior.

China ha tenido que tejer toda su estructura para realizar una expansión comercial sobre la base de las nuevas relaciones generadas o sobre los restos del imperialismo occidental o sobre Estados que no habían recibido la atención imperialista y que, por tanto, no tenían un atractivo sobre el que tejer esas relaciones. Aun así, China le ha dado la vuelta a la fotografía posimperialista a base de ofrecer una relación más abierta, una alternativa a una relación que antes no era libre. Lo que permite, o bien seguir en libertad con las anteriores relaciones comerciales, o bien buscar nuevas vías de colaboración —como la llamada Nueva Ruta de la Seda implementada por China—, o bien, simplemente, la creación de un bloque económico que permita ofrecer una alternativa comercial real a los países que vivían bajo el yugo de Estados Unidos o de Europa.

Mapa 2.1. Iniciativa de la Franja y la Ruta (o Nueva Ruta de la Seda china)

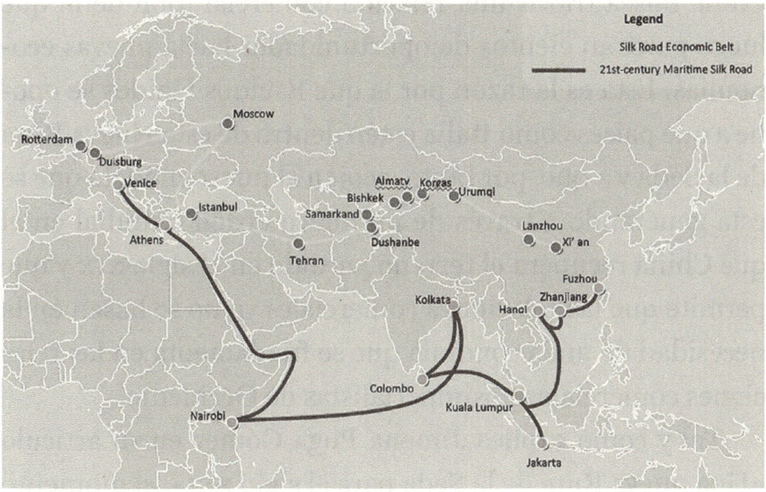

Nota: Leyenda / Franja Económica de la Ruta de la Seda / Ruta de la Seda Marítima del siglo XXI.
Fuente: Universidad de Navarra.

Anunciada en 2013 por Xi Jinping, esta Nueva Ruta de la Seda es una estrategia oficial desde 2017, y contempla dos iniciativas: la Franja Económica de la Ruta de la Seda (terrestre) y la Ruta de la Seda Marítima del siglo XXI.

Ambas conforman la Iniciativa de la Franja y la Ruta (o, simplemente, La Franja y la Ruta).[3] (Véase el mapa 2.1.) Aunque Occidente no se lo crea de verdad, este proyecto chino busca cambiar el centro económico del mundo para colocar primero a China en posición central, y después, en el futuro inmediato, hacer lo propio con toda el área de Asia-Pacífico, que emergería así como centro comercial y de poder de la unión económica del mundo. El mapa 2.1 refleja el recorrido de los ejes fundamentales de La Franja y la Ruta, la iniciativa con la que China trata de implementar ese asalto al primer puesto de la economía mundial. Así, China busca trazar una relación comercial total de la que luego partirán cientos de oportunidades hacia nuevas economías. Ésta es la razón por la que Estados Unidos se opone a que países como Italia estén dentro de esta Nueva Ruta de la Seda y a que, por tanto, acojan el nuevo modelo que se está generando a través de un nuevo orden mundial en el que China recupera el terreno perdido en el siglo XIX y que permite que las relaciones comerciales ya no se basen en la necesidad de una economía que se fundamenta en las relaciones comerciales posimperialistas de Occidente.

Tal y como explica Jimena Puga Gómez en su artículo «Una nueva Ruta de la Seda para el siglo XXI», el momento inaugural de este plan se produce en 2013:

> Tras el discurso del presidente chino Xi Jinping en 2013 sobre la revitalización de la antigua Ruta de la Seda, la iniciativa

3. También llamada con la denominación «Un Cinturón, Una Ruta» (One Belt, One Road, OBOR).

que comenzó siendo sólo una idea se ha convertido en el mayor desafío económico del gobierno de Pekín: una revolución que, de llevarse a cabo, modificará las infraestructuras de transporte de pasajeros, mercancías e hidrocarburos, así como la alta tecnología del continente asiático. Denominado como OBOR (One Belt, One Road) ['Un Cinturón, Una Ruta'], el plan pretende ser la clave del ascenso de China como superpotencia regional.

La iniciativa OBOR es un gran plan para rediseñar el entorno estratégico de China, proyectar el poder económico de Pekín, asegurar el acceso del país comunista a los suministros de energía y minerales e impulsar el crecimiento económico en el oeste de la República Popular. OBOR busca lograr estos objetivos fomentando una conectividad mayor y más rápida entre China y Europa a través de puntos intermedios en el centro, oeste y sur de Asia, así como con Rusia.

Por su parte, la ruta marítima que formará una de las piezas clave de la iniciativa OBOR, también conocida como la Ruta de la Seda del siglo XXI, cuenta con que siete de los diez puertos más grandes del mundo están en China y, como es sabido, estas infraestructuras hacen del gigante asiático un importante exportador de servicios de gestión portuaria.

La Ruta de la Seda marítima dirigida hacia Oriente comenzará en la provincia de Fujian y pasará por Guangdong, Guangxi y Hainan, antes de dirigirse hacia el sur hasta el estrecho de Malaca. Desde Kuala Lumpur, la Ruta seguirá a Kolkata [Calcuta] y Colombo, luego cruzará el resto del océano Índico en dirección a Nairobi. Y desde ese punto del continente africano, recorrerá el Cuerno de África buscando atravesar el estratégico golfo de Adén hasta llegar al mar Rojo.

> El plan trazado por Pekín pretende crear las infraestructuras suficientes para que los buques chinos puedan llegar a alcanzar de manera segura el Mediterráneo tras navegar por el Canal de Suez. Pero, la ambición de la República Popular no se detiene a las puertas de la Unión Europea, ya que China quiere llegar a Atenas surcando el Egeo y de ahí pasar a Venecia, donde buscará las rutas terrestres que hagan posible el desplazamiento de sus mercancías por toda Unión. La inversión China se ha centrado, entre otros puntos, en el puerto del Pireo, con un nuevo centro logístico, y en el desarrollo de una red de infraestructuras logísticas a través de los Balcanes y de Hungría.[4]

Todo aquello de lo que China quiere hacer acopio a fin de asaltar el poder económico y geopolítico está en este plan de la Nueva Ruta de la Seda. Dicha iniciativa implica, además de la pata energética, la posibilidad de recuperar todo lo perdido en el siglo XIX debido al proceso de expansión imperialista de Occidente.

Sobre la base de todo lo que hemos visto en este capítulo, hay que preguntarse si China conseguirá su objetivo y cuándo podría alcanzarlo. Hay varios aspectos fundamentales al respecto. En circunstancias normales, China podría alcanzar tal objetivo hacia 2035, y el matiz de si lo logra antes o después es importante. Ya hemos visto ampliamente las opciones que tiene Estados Unidos de retrasar el ascenso de

4. Puga Gómez, Jimena, «Una nueva Ruta de la Seda para el siglo XXI», Global Affairs and Strategic Studies, Universidad de Navarra, s. f., <https://www.unav.edu/en/web/global-affairs/detalle1/-/blogs/una-nueva-ruta-de-la-seda-para-el-siglo-xxi#>.

China. Pero ¿puede avanzarse China y llegar antes? Sí, pero el camino que debería estar marcando China es un camino de ir poco a poco, como un plato que se cocina a fuego lento. El recorrido que significaría llegar a ser la primera potencia del mundo se lo está tomando China pausadamente. Parece prever una convivencia natural hasta 2050 o 2070, y ya entonces establecerse claramente como primera potencia mundial tanto en lo económico como en lo geopolítico.

Cuál sería uno de los escenarios que podría anticipar la llegada de China al poder económico mundial. Pues, claramente, un entorno bélico que deje claro que militarmente y económicamente Estados Unidos ya no puede jugar alegremente como primera potencia. Todo este escenario parecía no estar en el tablero mundial, ya que las democracias liberales habían cambiado la pelea de los Estados nación por un modelo de intercambio comercial en el que los problemas se resolvían sobre la base de unos grandes acuerdos que impedían que pudieran volver a producirse enfrentamientos como los vividos en el siglo XX, con las dos grandes guerras mundiales.

El período de guerras que hemos vivido desde el inicio de la guerra de Ucrania plantea esa opción para China. Incluso se puede pensar que puede sentarse a ver cómo se le pone todo de cara para el gran asalto en menos tiempo de lo que se esperaba. Un desorden económico provocado en Oriente Próximo con un aumento del precio del petróleo a niveles de 140 dólares y en un entorno inflacionario como el vivido tras la pandemia del coronavirus puede alterar definitivamente la economía mundial que tiene su epicentro en Europa y Estados Unidos.

Pero, claro, Estados Unidos sabe perfectamente cómo llegó a ser la potencia hegemónica en el siglo XX. Sabe qué le pasó al Reino Unido a causa de una gran guerra que asoló a los británicos y dejó todo el camino abierto a Estados Unidos para tomar libremente el mando de la economía y la geopolítica mundiales. Por ello, Estados Unidos sabe lo que no tiene que hacer, el paso que no debe consentir y cómo bloquear a China y a los rivales militares de Estados Unidos para mantener su poder. Esto va de economía, pero va sobre todo de la geopolítica de los Estados nación. Y ahí es donde quiere jugar el partido China y donde ésta quiere que Estados Unidos también lo juegue. En Ucrania y en Israel ha saltado la chispa de la pugna de los Estados nación, y veremos en qué otros lugares puede saltar. Por ejemplo, tenemos el caso de Taiwán... China sabe que el momento de tomar Taiwán es cuando tenga el poder económico y militar ya de su lado como primera potencia. Ahora, el riesgo de equivocarse en el tempo que aplicar a esa posible entrada en Taiwán es alto.

Estados Unidos nunca quiso forzar su llegada a la hegemonía antes de tiempo, porque sabía que el ascenso hasta la posición de primera fuerza mundial se produce como la caída de la fruta madura, que cae cuando tiene que caer, y no antes. Y aquí y ahora encontramos un escenario muy parecido. China sabe que Estados Unidos ha vivido el auge del orden neoliberal pero que ahora tiene que vivir la caída de éste. Y sabe que, por mucho que haga, la historia es cíclica y las civilizaciones viven períodos de ascenso, auge y caída como en una campana de Gauss, siendo el final de una civilización el momento en el que ésta ya no puede con el peso de la historia, con el conjunto de transformaciones que han sobrevenido y madurado lentamente en su contexto.

Y si algo tienen en China es paciencia para esperar. Y en este caso se trata de esperar a que se llegue a las condiciones necesarias. El otro elemento que maneja China es el tránsito en la relación entre las economías que se intercambien el primer y el segundo puesto. En esto, Estados Unidos lo tuvo más fácil, ya que su nueva hegemonía le venía traspasada desde el Reino Unido, Estado con una democracia liberal y al que le unían hondas raíces.

China está intentando transmitir el mensaje de que, para el mundo, resulta clave que exista una buena relación entre las dos naciones hegemónicas a la hora de producirse el traspaso de poder de la primera a la segunda. Porque, de no ser así, la posibilidad de una autodestrucción económica descontrolada puede echar todo por la borda tanto para China como para Estados Unidos.

¿Qué no nos estaría enseñando la economía al respecto? Claramente, nos enseña lo que hay detrás de todo el proceso bélico que vivimos en la actualidad. Cada vez que la tensión geopolítica sube de grado se acerca un poco más el proceso en el que China puede acceder a un movimiento para alcanzar ese primer lugar hegemónico. El otro factor, claramente también, es el proceso de desdolarización que hemos comentado anteriormente. China es el gran interesado y el que puede empujar todavía más ese proceso para acabar con la influencia posimperialista que tiene Estados Unidos gracias a su moneda, el dólar, que es el gran elemento defensivo de la economía estadounidense. Los bloques económicos y geopolíticos son lo más oculto que se está moviendo a nuestro alrededor para permitir el ascenso chino.

Y hablemos sólo de una carta más que China ha jugado magistralmente en las últimas décadas: la compra de deuda de Estados Unidos. Si ves que tu rival tiene una necesidad de endeudamiento casi infinita para mantener su preponderancia actual, lo mejor es que seas tú quien tenga comprada esa deuda para que, si llegase a flaquear y entrar en una crisis de deuda, tú seas quien pueda apretar el botón y activar tanto una crisis sin precedentes (en este caso de Estados Unidos, principalmente) como acelerar o asegurar tu ascenso a primera fuerza económica mundial.

China y Japón son los mayores inversores extranjeros en deuda pública estadounidense. Juntos poseen 2 billones de dólares, más de una cuarta parte de los 7,6 billones de dólares en títulos del Tesoro estadounidense en manos de países extranjeros. Pekín empezó a comprar bonos del Tesoro estadounidense en el año 2000 cuando Estados Unidos aprobó la entrada de China en la Organización Mundial del Comercio, materializada en diciembre de 2001. Todo ello desencadenó un auge de las exportaciones y generó enormes cantidades de dólares para China, que necesitaba un lugar seguro donde guardarlos. China fue el mayor acreedor extranjero de Estados Unidos durante más de una década. Pero una escalada de tensiones con la administración de Trump en 2019 hizo que Pekín redujera sus tenencias, y entonces Japón superó a China como principal acreedor ese año.

El poder que le da a China ser el poseedor de esa gran cantidad de deuda de Estados Unidos se compensa por el riesgo que tendría ante un posible evento de crisis de deuda en el futuro. Este tema es algo que han barajado durante mucho tiempo las distintas administraciones estadounidenses, ya que, si se produjera un grave problema de deuda, uno de los que tendrían más problemas sería China. Pero el movimiento de reducción de tenencia de deuda estadounidense por parte de China es el mejor ejemplo de que la República Popular ve como provisional ese problema y actúa contra él antes de que sea un problema mayor.

Si Estados Unidos está emitiendo deuda a un ritmo de 1.400 millones de dólares a la hora en el segundo semestre de 2023, China está vendiendo deuda a un nivel muy parecido para reducir un posible evento de crédito con la deuda que posee. (Véase el gráfico 2.8.)

Gráfico 2.8. Cambios mensuales en la tenencia de oro de China

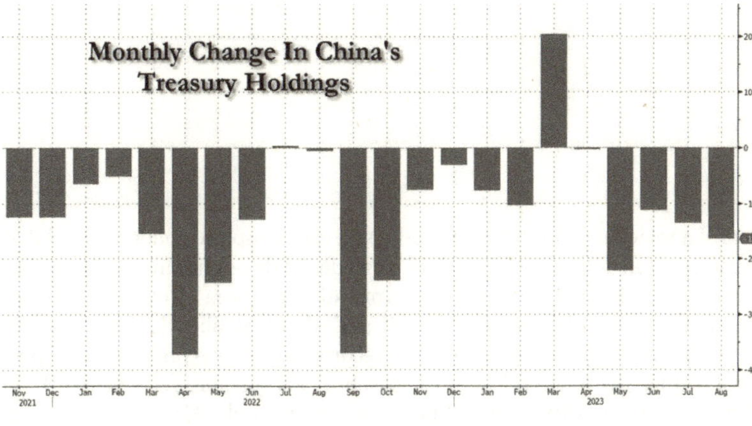

La venta acelerada de deuda de Estados Unidos que tiene China es de entre 10.000 y 20.000 millones mensuales. Todo este proceso y la espiral de emisiones de deuda de la administración demócrata de Biden es lo que ha llevado a que el inversor neoyorquino Ray Dalio haya indicado que está monitorizando un posible gran evento de crisis de deuda.

Y éste es el último elemento que juega a favor de China. Un evento de crisis de deuda sería la puntilla final para que Estados Unidos reviva el crac de 1929, pero ahora con China al acecho, que usaría tal evento para hacer el *sorpasso* económico.

Gráfico 2.9. Deuda pública y deuda privada como porcentaje del PIB (1995-2022)

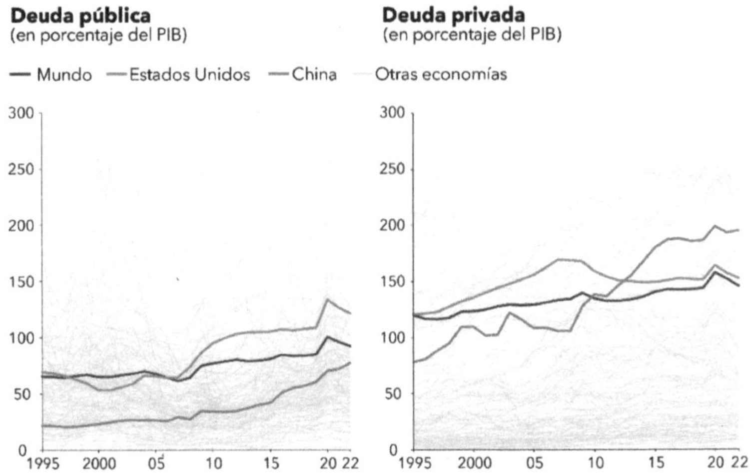

Nota: La relación deuda/PIB estimada para cada grupo se pondera por el PIB de cada país en dólares de EE. UU. El panel de deuda pública incluye 181 países adicionales, mientras que el de deuda privada incorpora otros 151 países, representados por las líneas grises. Las cifras de deuda pública de China abarcan un perímetro del gobierno general más recortado que las estimaciones del personal técnico del FMI en los informes sobre las consultas del Artículo IV de China (véase en el Informe del personal técnico del FMI sobre los países n.º 23/67 una conciliación de las dos estimaciones). La deuda del sector privado de China incluye ⅓ de deuda de vehículos de financiamiento de los gobiernos locales, así como la deuda de otros fondos públicos extrapresupuestarios.
Fuentes: Base de datos sobre la deuda mundial del FMI y cálculos del personal técnico del FMI.

Pero lo que no se escucha por ahí es que China está en una situación muy parecida. En el gráfico 2.9 (del Fondo Monetario Internacional) se puede ver cómo la deuda privada de China ya ha empezado a preocupar en el ámbtio internacional, mientras que su deuda pública también está subiendo a un nivel acelerado. «No hay paraíso sin deuda», parecen decir las dos economías principales, y China parece haber entendido esto perfectamente.

La deuda conjunta china como porcentaje del PIB ha aumentado y se sitúa ahora aproximadamente en el mismo nivel que la de Estados Unidos, si bien en términos de dólares la deuda total de China (47,5 billones de dólares) sigue siendo considerablemente inferior a la de Estados Unidos (cercana a 70 billones de dólares). Por lo que se refiere a la deuda de sociedades no financieras, la proporción correspondiente a China, del 28 por ciento, es la más alta del mundo. Y la proyección de Bloomberg (gráfico 2.10) todavía es preocupante hasta 2030. Momento en el que se teme por la salud de la deuda mundial. Encabezada por China, pero también en Estados Unidos y Europa.

China tiene trabajo para realizar el ascenso. Pero tal posibilidad de ascender se le puede presentar cuando menos se lo espere. En ello interviene la paciencia china y la capacidad para seguir manteniendo la tensión en Estados Unidos hasta que cometa un error, bien sea económico, o geopolítico. Y, entonces, el ascenso de China al puesto de primera economía del mundo estará al alcance de su mano.

Gráfico 2.10. Porcentaje de deuda sobre PIB de China

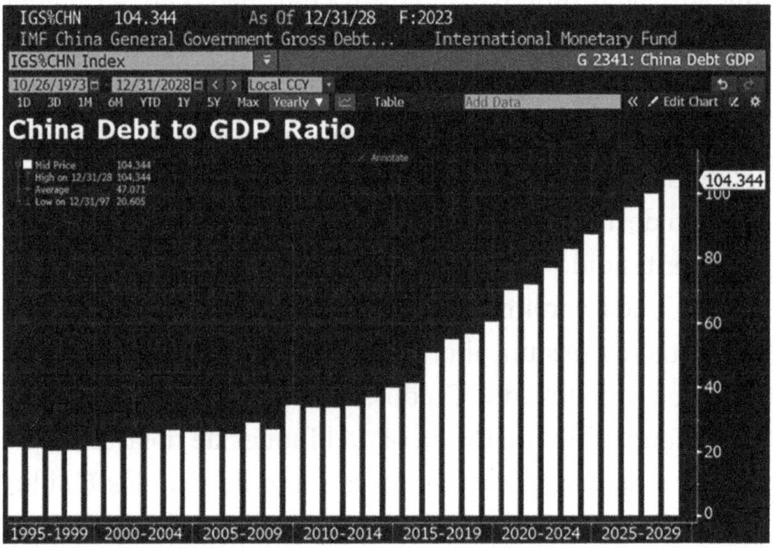

Fuente: Fondo Monetario Internacional (vía Bloomberg).

Para entender todo el contexto de tal *sorpasso*, he aquí la lista de las 20 mayores economías del mundo por PIB (en dólares corrientes) en 2023:

1. Estados Unidos: 26,85 billones de dólares
2. China: 19,37 billones de dólares
3. Japón: 4,41 billones de dólares
4. Alemania: 4,31 billones de dólares
5. India: 3,74 billones de dólares
6. Reino Unido: 3,16 billones de dólares
7. Francia: 2,92 billones de dólares
8. Italia: 2,17 billones de dólares
9. Canadá: 2,09 billones de dólares
10. Brasil: 2,08 billones de dólares

11. Rusia: 2,06 billones de dólares
12. Corea del Sur: 1,72 billones de dólares
13. Australia: 1,71 billones de dólares
14. México: 1,66 billones de dólares
15. España: 1,49 billones de dólares
16. Indonesia: 1,39 billones de dólares
17. Países Bajos: 1,08 billones de dólares
18. Arabia Saudita: 1,06 billones de dólares
19. Turquía: 1,03 billones de dólares
20. Suiza: 869,6 miles de millones de dólares

Con esto cerramos este capítulo 2. Y, ahora, adentrémonos en la principal economía del mundo: Estados Unidos.

3

Estados Unidos y el reto tecnológico para seguir siendo el poder dominante

Todo son especulaciones sobre China y su momento. Pero sólo hay una realidad. Estados Unidos es la principal economía del mundo y lleva más de un siglo liderando la economía internacional y la geopolítica. Y lo más preocupante para China y más alentador para Estados Unidos es que este último país es capaz, y así lo ha demostrado en el último siglo, de adaptarse a los cambios necesarios para seguir siendo la principal economía del mundo y el país más poderoso.

Supo salir de las dos guerras mundiales como la economía hegemónica. Supo convertir a Europa en una economía dependiente con el Plan Marshall, y supo mantener al Reino Unido como el gran socio, junto con Europa, en el momento en el que le hacía el *sorpasso* al país británico, tanto económica como geopolíticamente. Supo crear el New Deal y, luego, supo darle al Estado la suficiente fuerza como para domar esa economía de mercado sin límites que demostró ser un error. Y ahora se acabó esa segunda ola que comenzó en la parte final del siglo XX y que tuvo su punto final con la crisis financiera y bancaria de 2008.

Estados Unidos supo trabajar geopolíticamente su posición en las guerras mundiales para salir victorioso y más potente en las relaciones internacionales. Y después se adaptó al mundo de la Guerra Fría mientras se producía una escalada nuclear sin precedentes en el mundo. La Unión Soviética acabó perdiendo esa Guerra Fría, y Estados Unidos se vio en un mundo sin ese conflicto, pero con la necesidad de seguir enseñándole al resto de los países que era la principal potencia del mundo. Y ahí llegó la guerra del Golfo, los atentados del 11-S y la posterior guerra contra el terrorismo yihadista. Y ahora estamos otra vez en un mundo en guerra.

Biden, Trump, Powell, Yellen, DeSantis, Obama, Clinton, Bush o Blinken, todos saben que, para permanecer como primera potencia del mundo se necesita un caldo de conflicto permanente pero de baja intensidad, una tensión que permita a Estados Unidos seguir enseñando su poder, pero sin acabar en un conflicto que pueda provocar una guerra también en su territorio. Y económicamente necesita tener una economía de recursos ilimitados y de deuda ilimitada para seguir usando el dólar como piedra fundamental de avance y de protección de su economía.

¿En qué basa su poder Estados Unidos? En el dólar; en una economía capaz de generar suficientes recursos como para seguir creciendo tecnológicamente y en servicios; y en una deuda ilimitada que permita hacer pensar que siguen creciendo, aunque lo que de verdad haya sea un tremendo gasto público apoyado en una deuda sin precedentes.

Aquí me gustaría detenerme un momento para que puedas preguntarte si Estados Unidos crece o se endeuda. Si observamos los gráficos 3.1 y 3.2, veremos el crecimiento de las últimas décadas de la principal economía del mundo y su aumento del endeudamiento. El crecimiento potencial viene de la mano de un endeudamiento excesivo que hace que el gasto público tire del conjunto de la economía y que, a la vez, el gobierno tenga que emitir y emitir dinero para poder seguir pagando el desarrollo de una economía que sólo crece si está enganchada a la máquina del endeudamiento.

Gráfico 3.1. PIB trimestral de Estados Unidos desde 1950

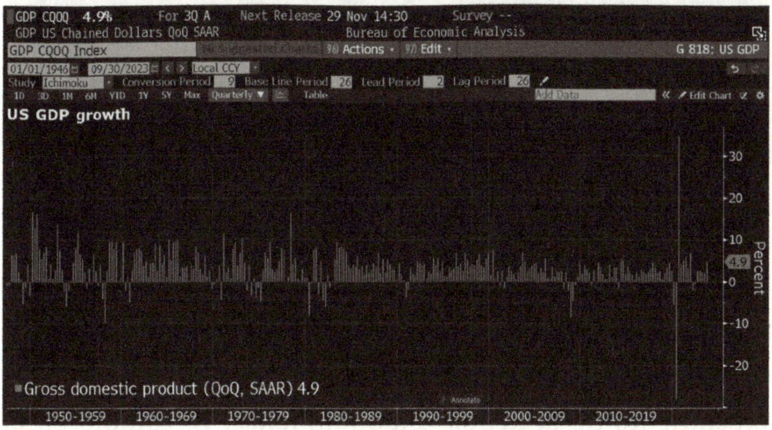

Fuente: Oficina de Análisis Económico de Estados Unidos (vía Bloomberg).

Como ves en los gráficos 3.1 y 3.2, la clave fundamental está en entender que el crecimiento desde mitad del siglo xx va reduciendo su crecimiento medio, mientras que el límite de deuda —es decir, el gasto, que se va desbocando desde la primera crisis del petróleo— gana fuerza y se convierte en el punto clave para mantener a una economía en claro retroceso productivo, pero que no quiere perder la fuerza de un crecimiento económico que permita mantener la pujanza de la creación de empleo y que permita mantener un sistema del bienestar social suficiente.

Gráfico 3.2. Deuda total y límite de deuda en Estados Unidos

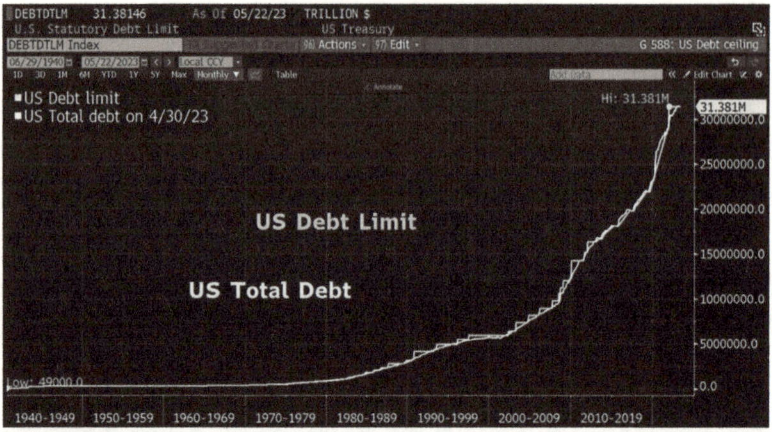

Fuente: Bloomberg.

Mira la curva del gráfico 3.2, que expresa el mantenido crecimiento de la deuda estadounidense. El cambio en el ritmo de aumento de la deuda de Estados Unidos en las décadas de 1970 y 1980 tiene un eco lejano de la percepción del fracaso del New Deal y representa un salto que responde a la necesidad de aplicar políticas neoliberales. Y ese neoliberalismo transita hoy el camino hacia la puesta en cuestión de sus ideas, sobre todo desde la crisis financiera de 2008. Los neoliberales asaltan el poder ideológico en las décadas de 1970 y 1980, cuando desmontan todo el modelo heredado del New Deal, que se basaba en la idea de que el capitalismo sin control era un peligro para la sociedad y que tenía que haber límites y reglas impuestas por un poder del Estado que contrapusiera su fortaleza a los intereses generales. El New Deal aparece en la década de 1930, tras el crac de 1929, y después de comprobarse cómo una economía sin control, sin supervisión y sin planificación resultaba un fracaso.

Los neoliberales, sin embargo, toman el control en las décadas de 1970 y 1980 bajo la premisa de que no hay opción de desarrollo social y económico con una intervención del Estado que molesta más que apoya. Y ahí aparecen el republicano Ronald Reagan, como ideólogo de esas ideas neoliberales, y el demócrata Bill Clinton, como ejecutor de un modelo que conduce al gran despliegue de la economía de Estados Unidos y que permite el gran avance de una serie de empresas tecnológicas que, como ocurrió en la primera parte del siglo XX con la automoción y, sobre todo, con las llamadas «siete hermanas» petroleras, consiguen crear un modelo de crecimiento en el que toda la inversión va a ellas.

Y, como siempre ocurre en las economías donde hay abuso, éstas explotan..., en forma de burbuja. Se calientan, se calientan... y al final estallan dejando atrás el sueño capitalista del crecimiento sin límites, que nunca termina por ser una verdad eterna. De tal manera que los gobernantes que ven cómo el modelo del New Deal ha fracasado ven luego que tienen un arma que no controlaban antes, y que es el dólar. Ahí aparece todo el movimiento de intervención económica a través de un pilar fundamental para hacerla crecer, una divisa de referencia mundial. Pero ello no conduce a crecer sobre la base de la inversión, del desarrollo y de la innovación, sino sobre la base de un gasto público desmesurado que pudiera estar hoy generando una crisis que vendría a ser como la madre de todas las crisis. Y esta crisis la llevan prediciendo los economistas desde hace décadas, desde que se percibió que la administración de Estados Unidos había descubierto una palanca ilimitada de generación de deuda.

¿De dónde recogen los economistas esa idea? De los Acuerdos de Bretton Woods y de su abandono en la década de 1970. Al eliminar el patrón oro como elemento fundamental para estimar el crecimiento posible del gasto público en función del oro que se tenía como reserva, la posibilidad de emitir dólares discrecionalmente fue percibida por los diferentes gobiernos como una puerta de acceso abierta al maná. Luego de eso, los gobiernos de Estados Unidos han dispuesto de la herramienta de las herramientas para que crezca su economía, para que los votantes demanden y se les concedan sus deseos y para que todos juntos vivamos en una gran mentira. Se trata de la mentira de emitir deuda para poder crecer y para poder conceder deseos a todos los ciudadanos; y esto ha sido un chollo del que han hecho uso tanto demócratas como republicanos.

Pero alguien te tiene que comprar la deuda que emites, y para ello tienes que ofrecer un interés cada vez mayor a fin de que los grandes adquirientes, como China o Japón (véase el gráfico 3.3), sigan comprando tu deuda, siempre que piensen que es imposible que vaya a suceder nada malo respecto a ella. Y, además, así se teje la opción de que no haya más guerras y todo quede entrelazado de tal manera que tu deuda sea un seguro para las relaciones comerciales y para la estabilidad geopolítica. Hasta que el emisor de tal deuda se da cuenta de que ahora todo lo que tiene depende de otro país, y que si no le compran deuda no puede seguir creciendo porque no está invirtiendo en crecimiento, sino en contentar a una población que cada vez pide más y da menos.

Gráfico 3.3. ¿Quiénes son los países que poseen los títulos del Tesoro de EE. UU.?

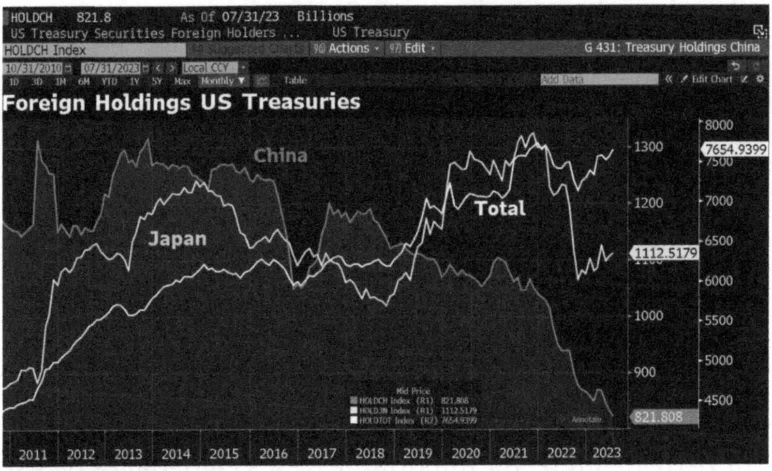

Fuente: Bloomberg.

De ahí que el neoliberalismo haya conseguido en estas últimas décadas dar un poco de pan a todos los ciudadanos a cambio de disponer de carta blanca para poder implementar un sistema en el que a los que están arriba no les llega sólo pan, sino que éste viene bien cargado de jamón. Los ricos son ahora más ricos, y las clases medias y bajas, a las que se ha convencido de que el consumo de valor es el de servicios, se gastan todo en cosas que en la mayoría de los casos no son valores tangibles. Ésa es la gran trampa a la que se ha sometido también a las clases menos pudientes, con el argumento, además, de que todos participan en el crecimiento y en la creación de riqueza.

Hubo un momento en que los grandes bancos estadounidenses vieron que lo mejor era vincular a la población a la renta variable —igual que la idea de vincular a China a la deuda de Estados Unidos—. Tanto al S&P 500 como al Nasdaq le abrieron la puerta al ciudadano medio para «hacerlo partícipe» de los grandes avances; sin embargo, la información los dejó a un lado una y otra vez en cada ocasión que se necesitaba volver a generar beneficios para los más pudientes frente a esos ciudadanos que acudían al mercado guiados por el «sueño americano» de volverse ricos invirtiendo en las empresas que conocían y cuyos productos y servicios consumían, o bien, simplemente, en aquellas que pensaban que serían rentables.

En el gráfico 3.4 se ve el crecimiento, desde 1990, de la cantidad de ahorro puesto en el mercado de renta variable por parte de un sector importante de los ciudadanos de Estados Unidos. Al igual que China y Japón son fundamentales para la renta fija, el ciudadano resulta imprescindible en la bolsa de renta variable.

Fíjate en cómo el crecimiento despega a inicios de la década de 1990, y en que ese neoliberalismo que toma el poder ya con fuerza tiene dos batacazos importantes: primero, en la burbuja de las puntocom, en la que los inversores particulares sufren un gran revés; y, segundo, en la crisis financiera de 2008, cuya superación tarda prácticamente media década (para, después, recuperar el terreno perdido y volver a plasmar un mercado con el mismo ánimo que anteriormente).

Gráfico 3.4. Tenencia de acciones bursátiles por parte de estadounidenses

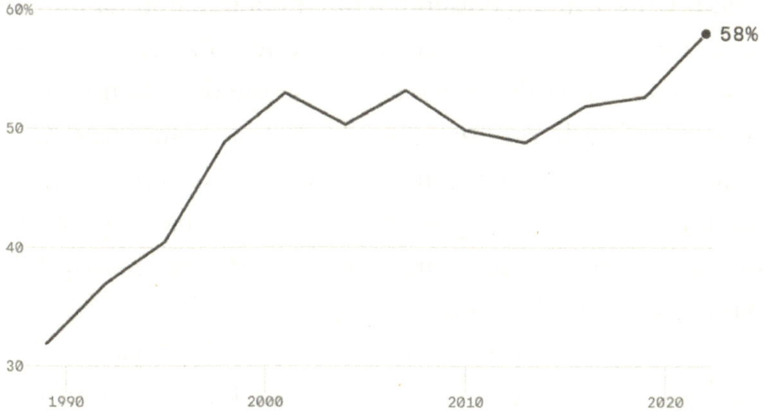

Fuente: Axios Visuals.

Llegados a este punto, entenderemos el porqué del crecimiento de Estados Unidos y de sus empresas: el ritmo ascendente de estas empresas en bolsa y, por tanto, la entrada de dinero de inversores particulares no vienen tanto de la mano de los beneficios empresariales como de la llegada de liquidez aportada por la Reserva Federal, que impulsa así los mercados y les proporciona la sensación de que todo puede ir bien si la FED está impulsando la economía a base de inyectar liquidez en el sistema —lo que llamamos la M3, la masa monetaria—. De hecho, en estas décadas, la teoría monetaria moderna viene a indicarnos que todo puede controlarse vía monetaria; es decir, que todo ciclo económico puede ponerse en marcha, frenarse y volver a activarse gracias a la política monetaria de los bancos centrales.

Esos bancos centrales que surgen en el siglo XX de la necesidad de intentar balancear los problemas que pueda tener un gobierno en entornos bélicos, como el caso de la FED tras lo que se vivió en la Primera Guerra Mundial, o en Reino Unido, ahora entienden que tienen la manija importante de la economía. Comprueban que cada vez que abren el grifo de la liquidez es como si un genio de la lámpara actuara generando riqueza en los ciudadanos, ilusoria o no, y dando a los gobiernos el aliento que necesitan para impulsar la economía, para gastar conforme desean y para impulsar el crecimiento de una manera artificial pero válida para gran parte de la opinión pública.

Y así llegamos al momento actual, en el que ya no sabemos si estamos de verdad en una expansión de la economía de Estados Unidos o estamos viviendo una enorme mentira a lomos de la cual está subida tanto la economía estadounidense como la europea y el conjunto de la economía occidental. Y enfrente hay a otro bloque económico, el oriental, liderado por China, en el que se ve que el *sorpasso* perfecto sería un evento de crisis crediticia que dejara a la economía estadounidense al borde del precipicio económico, así como en las manos de China, gran propietaria de la deuda de Estados Unidos.

En el gráfico 3.5 podemos ver cómo China se va replegando una vez que empieza a entender que Estados Unidos es un peligro y que su propio nivel de gasto también va aumentando —véanse las crisis inmobiliarias de Evergrande y Country Garden.

Gráfico 3.5. Tenencias de bonos de EE. UU. por parte de China

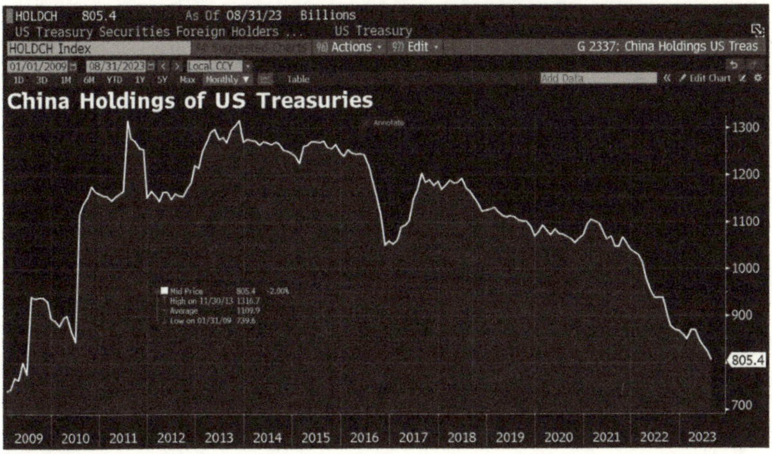

Fuente: Bloomberg.

Pero, volviendo a lo que se ve en el mercado tras cada subida de la liquidez, resulta interesante ver en el gráfico 3.6 cómo la historia se repite vía recesiones y, como publica @_perpe_, cómo los ciclos no han evitado más de cien años de crecimiento en la bolsa de Estados Unidos, lo cual, unido a lo que veíamos en el gráfico 3.4 (sobre la posesión de riqueza a través de la tenencia de valores de renta variable) nos acerca a la fotografía de que hay un hilo común tanto de crecimiento como de creación de riqueza entre la

Reserva Federal y la creación de liquidez y la emisión de deuda y la mejora de las condiciones de vida del ciudadano medio estadounidense.

Gráfico 3.6. Evolución del S&P 500 desde 1900

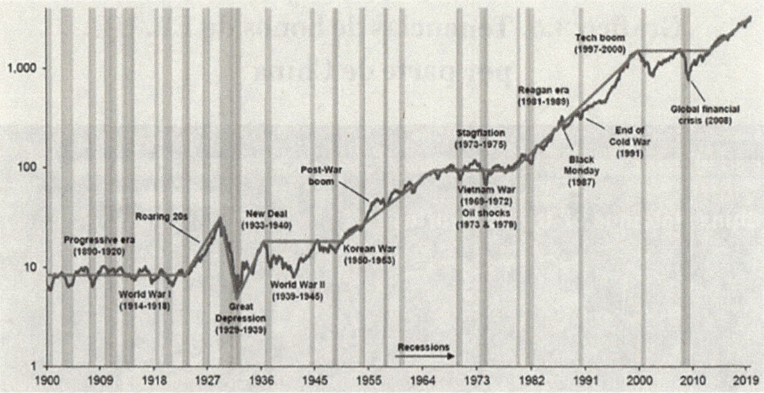

Fuente: S&P Composite Index.

Fíjate cómo crece el mercado y cómo las recesiones son necesarias para limpiar esa fotografía de crecimiento que, si fuera sin sobresaltos y sin traspiés, sería «para todo el mundo», pero que de esta manera puede ser sólo para unos pocos. Esos pocos son quienes tienen la «información real» de lo que está pasando para salirse del mercado y volver a entrar cuando la oportunidad está ahí y la masa de inversores están inadvertidos o asustados. Y cuando hablo de «información real» me refiero a esa información privilegiada y ventajosa que permite que unos pocos sean los que de verdad ganan.

Un buen ejemplo lo hemos vivido en 2023 cuando gran parte de los inversores se quedaron fuera de la bolsa porque los mensajes eran claros de una caída sin precedentes en el mercado tras un fatal 2022. Los inversores pequeños y medios decidieron quedarse fuera, y, cuando vieron que se habían equivocado, ya no había espacio para entrar. Ya sólo estaban los mismos de siempre, que en ese caso ya estaban dentro en una situación de privilegio sin precedentes para recuperar lo perdido y posicionarse como los grandes vencedores. A los demás les quedó invertir en renta fija y, con ello, poder ganar un «fabuloso» 5 por ciento dándole el dinero al gobierno para que pudieran seguir gastando. Es decir, eso fue como un gol por la escuadra de Biden y Powell, un gol que haga pensar que no hay peligro en seguir asentando un modelo que se base en la liquidez y el endeudamiento... Hasta que aguante.

Mira el gráfico 3.7 sobre el problema que vamos creando y que es colateral al problema inicial de endeudarse. Las generaciones futuras tendrán que afrontar pagos para seguir manteniendo hoy la política económica del *carpe diem*. Tú gasta y gasta, que tus hijos y nietos vendrán a pagar, porque no quieres hacer ni un mínimo sacrificio si te lo puede solucionar el político de turno endeudándose a costa del futuro contribuyente.

No deja de ser una política económica egoísta aquella que le permite tanto al político del momento como al ciudadano no renunciar a nada de lo que desea, aunque eso suponga poner una soga económica en el cuello del contribuyente que venga luego. En un contexto así, los vencimientos de la deuda van aumentando, lo cual entraña cada vez más el riesgo de una posible crisis de deuda que ponga a la economía mundial frente al espejo de los desmanes pasados y de los grandes errores cometidos por no saber asumir un crecimiento más estable y proporcionado, un crecimiento que de verdad se base en el poder de una economía que busca generar riqueza de una manera eficiente.

Gráfico 3.7. Estados Unidos: Gasto en intereses por día en deuda pública

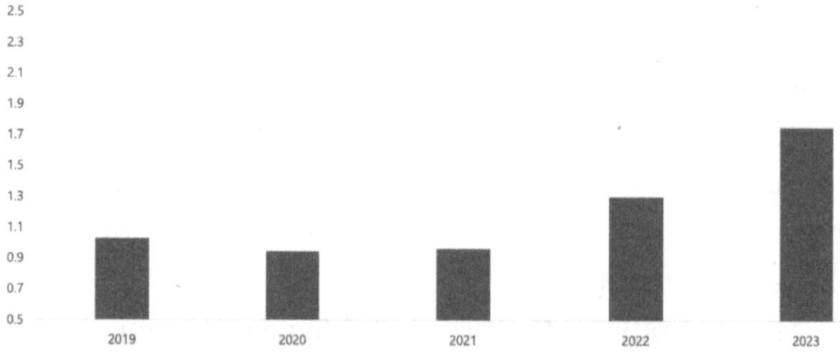

Fuente: Haver Analytics.

Bajo la premisa de que la economía de Estados Unidos genera suficiente como para poder asumir ese nivel de deuda, vamos llenando la burbuja de deuda hasta que ésta sea inviable y tenga que tomarse una medida mucho más traumática que lo que podría haberse tomado hace apenas unos años. En el gráfico 3.8 se observa cómo los intereses de la deuda se desbocan tras la crisis de la pandemia por la COVID-19.

Deuda, deuda y más deuda. Para poder justificarla, basta cualquier motivo. A cualquier contingencia se responde con más emisión de deuda, desde la respuesta a la pandemia por la COVID-19 hasta el apoyo a Ucrania o Israel en sus guerras. Y, en cualquier caso, siempre se puede argumentar que los ciudadanos tienen una serie de supuestas «necesidades» y que hay que ayudarlos mediante la ampliación del gasto público. Esto último parece ser como un deporte nacional en prácticamente todo el mundo, y en Estados Unidos es la ambición principal de los dirigentes. Más gasto y más deuda para generar la sensación de que la economía está creciendo y creciendo, aunque no sea así.

Gráfico 3.8. El rápido crecimiento de los intereses en el pago de la deuda de EE. UU.

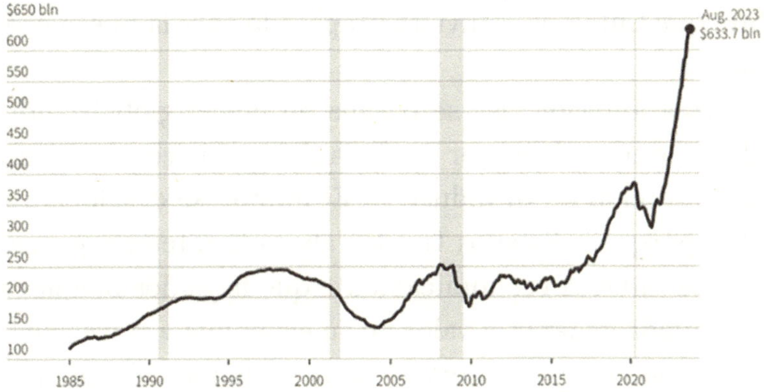

Fuente: LSEG Datastream.

Y, sin embargo, ha aparecido una disrupción natural que puede ayudar a Estados Unidos a defender su economía frente a la de China, siempre que volvamos a un mundo más proteccionista. Se trata de la inteligencia artificial y del desarrollo tecnológico llevado a un nuevo nivel. Cuando OpenIA presentó ChatGPT y le dijo al mundo que la inteligencia artificial supondría un gran avance para poner en marcha un nuevo salto cualitativo, nadie podía imaginar todavía cuánto había en marcha para poder conseguir un cambio al mismo o mayor nivel que el de las puntocom.

Pero no sólo se trata de la inteligencia artificial, sino del poder cuántico de una economía del conocimiento que viene para cambiar el modelo laboral, financiero y de tantos elementos que ahora pueden verse completamente alterados. Y ahí resurgió Estados Unidos para recoger una nueva manera de afrontar el momento. En lugar de buscar una economía globalizada como desde la década de 1990, ahora, Estados Unidos ha querido una economía más proteccionista que defendiera su posición y posibilitara que China no estuviera preparada para la nueva economía.

Si la anterior fase se basaba en crecer globalizando, ahora se trata de crecer desde la diferencia competitiva y la protección de tu industria. El mundo se desglobaliza, pero porque a Estados Unidos ahora le interesa que sea así. Le interesa económicamente que haya dos bloques y que pueda generar el valor de su economía a través de la protección de ésta, ya que es la mejor manera de garantizar que tal salto cuántico de la economía sólo se haga a través de las manos de la principal economía del mundo.

En el gráfico 3.9 se observa cómo el mercado ha visto que Estados Unidos ha sabido, como principal potencia económica del mundo, posicionarse a la cabeza del desarrollo tecnológico para dar el salto cuántico mejor que el resto. El índice Nasdaq 100 está encontrando una mejor rentabilidad y un mejor posicionamiento frente a las tecnológicas alemanas (índice TecDAX), que están capitulando ante la superioridad de Estados Unidos de una manera evidente.

Gráfico 3.9. Comparación entre el Nasdaq 100 y el índice tecnológico alemán

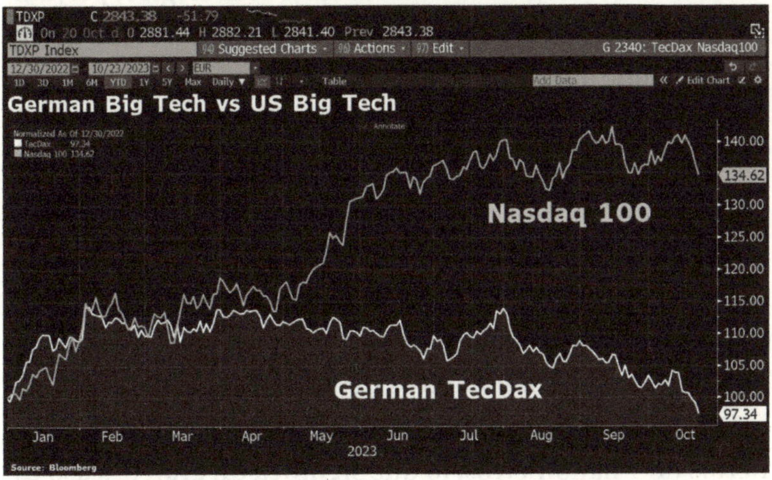

Fuente: Bloomberg.

Y aquí aparece de nuevo China. Porque Estados Unidos sabe que la mejor manera de proteger su economía en el salto tecnológico es asir la rivalidad geopolítica y poder posicionar a sus empresas a la cabeza. Ya sabe cómo hacerlo si es necesario: más liquidez, más inversión, más deuda. Pero todo ello unido a las sanciones. Así que, sin explicación alguna, Biden impone una serie de restricciones de comercio que, bajo la premisa de una política de bloques que realmente no existe oficialmente, se ataca a la economía china con la imposibilidad de acceder a chips de última generación que permitan al país liderado por Xi Jinping dar ese salto tecnológico mejor que Estados Unidos, lo cual sí podría suceder en un entorno de competencia perfecta.

Y esas sanciones y restricciones al comercio parecen

más bien un brindis al sol, pues da la sensación de que Biden busca un imposible: cerrar la puerta a China o, al menos, hacer que llegue tarde a ese salto tecnológico, perjudicando el crecimiento de esa segunda economía del mundo y beneficiando a las empresas estadounidenses para que puedan abordar ese salto sin competencia, y de la mano de su gobierno y con su apoyo en forma de sanciones a terceros.

Es bonita la competencia hasta que ésta puede dañar tu posición de privilegio económico. Pero ni eso le está saliendo bien a Estados Unidos, que ha visto cómo China ya ha accedido, según Bloomberg, a chips de última generación que trabajan a 7 nanómetros de velocidad, la velocidad de los smartphones, y que podría estar trabajando para tenerlos de 4 nanómetros, lo que significa un gran fracaso estadounidense a la hora de intentar defender su economía del asalto chino que busca acceder al primer puesto de la economía mundial.

Lo que pasa es que hay una cara B de todo esto. Hay algo que vuelven a intentar ocultar en este entorno. Al igual que Tesla produce en China para buscar competitividad laboral y tecnológica (sí, tecnológica), los grandes fabricantes de chips estadounidenses están también en el gigante asiático por las mismas razones y encuentran en la economía china la fuente de una parte muy importante de sus beneficios. Desde Nvidia, punta de lanza de los microchips, hasta el resto de las compañías estadounidenses que han basado parte de su crecimiento en unos costes y un desarrollo tecnológico muy vinculados con el gigante chino, esto es así. El gráfico 3.10 ilustra los ingresos procedentes de China de los fabricantes de chips estadounidenses, e indica muy bien que, si las sanciones se impusieran de manera bilateral, Estados Unidos y sus empresas sufrirían mucho.

Gráfico 3.10. Dependencia china de los fabricantes estadounidenses (porcentaje de ingresos)

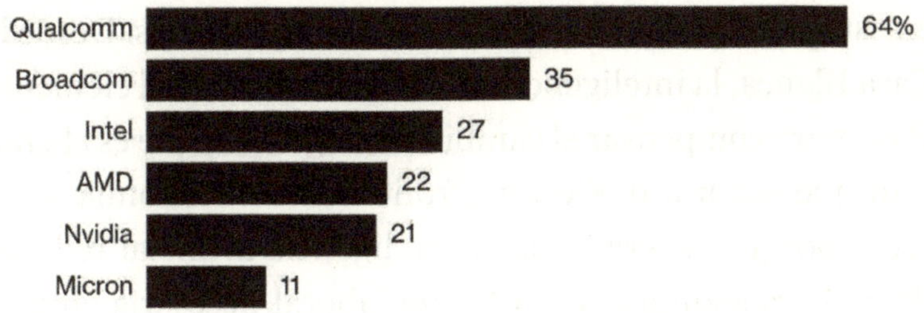

Fuente: Bloomberg.

En el gráfico 3.10 se observa la enorme dependencia que tienen estas empresas de la producción que hacen lejos de Estados Unidos. En el caso del gigante Qualcomm, dicha dependencia de ingresos llega al 64 por ciento, lo que la hace tremendamente sensible a las relaciones entre China y Estados Unidos.

La tecnología es la gran batalla oculta de la economía de Estados Unidos. A falta de otros recursos, necesita intentar protegerse con un avance tecnológico que le permita estar enfrente del bloque de China y Rusia con opciones de ofrecer a su sistema herramientas suficientes que contraponer. De ahí que cambiar a un sistema más proteccionista con la Ley de Reducción de la Inflación (Inflation Reduction Act, IRA) de 2022 y dar subsidios a las empresas que quieran estar produciendo en el país es uno de los elementos imprescindibles. Tanto desde Europa como desde Asia le llegan inversiones multimillonarias para poder apuntalar su producción nacional.

Pero eso no es nada comparado con conseguir que la inteligencia artificial dé paso a una nueva economía. Y aquí entramos en el elemento fundamental dentro de la batalla tecnológica. Estados Unidos sabe que conseguir ser líderes en este espacio sí puede frenar a sus competidores. Desde la Casa Blanca, la inteligencia artificial se ve como el elemento clave para compensar el cambio demográfico, que es el gran reto que tendría que estar afrontando su economía si no fuera porque esperan que la inteligencia artificial reduzca de manera significativa la fuerza laboral necesaria en muchos de los sectores clave.

Una economía de servicios y de sueldos mínimos para toda la población va a generar un seísmo tan fuerte en el mercado laboral que sólo puede entenderse si lo vemos alineado con un avance tecnológico que permita a las economías hacer la transición hacia modelos con menos masa laboral necesaria y que pueda permitir a las empresas destinar esos recursos a un salto productivo sin precedentes. Cientos de puestos de trabajo cambiarán en la próxima década para acercarse a los de un modelo de empresa prácticamente tecnológico donde la fuerza laboral como hoy la entendemos habrá desaparecido; y donde esa fuerza laboral pasará a ser un consumidor pleno de servicios continuos. Eso puede ser un círculo virtuoso para las empresas que se establezcan en ese modelo, pero puede ser desastroso para las empresas que se queden en el modelo tradicional. Las grandes élites no necesitan ahora nada más que consumidores, ciudadanos que consuman, ciudadanos con necesidades, ciudadanos con voluntad de experiencias, países cuyo PIB estará relacionado con aquello con lo que puedan atraer a una parte de la población mundial hacia sus recursos, ya sea el turismo, el deporte o unas condiciones que permitan la producción de un bien o servicio para ser consumido por humanos, pero hecho prácticamente por máquinas.

Y Estados Unidos y las élites mundiales saben que necesitan un dólar de cada uno para cumplir la transición y llevar al mundo a un modelo diferente. Por eso se precisa un sistema de rentas universales para todos financiadas a través de impuestos a las compañías, las cuales refinancien su propio crecimiento gracias a más impuestos pagados para ser repartidos. Sólo unos pocos vivirán mejor, pero la gran mayoría tendrá el mismo nivel en un sistema perfectamente alineado con la igualdad, excepto para las élites. Se viviría así una especie de despotismo ilustrado que redefiniría el «todo para el pueblo pero sin el pueblo», que hoy en día viene más alineado con el «lo tendréis todo, pero no poseeréis nada».

Se trataría de dar el suficiente ingreso medio a todos los ciudadanos para que no haya revueltas y para tener paz social, a cambio de la incorporación de una nueva élite que estará en los grandes asuntos de nuestro planeta y con la esperanza de alcanzar ya el camino a otros planetas. De ahí que se tenga que conseguir que se consuma lo que se quiera que se consuma y que todo esté supeditado a crear una riqueza que permita el avance mundial de esa élite para liderar el mundo.

Así las cosas, quien lidere la revolución tecnológica tendrá también a su alcance el liderazgo de la nueva generación que consiga estar a la cabeza y, por tanto, podrá imponer las tan necesitadas sanciones y restricciones comerciales para mantener el poder y la hegemonía. Según esta visión, Estados Unidos podría seguir reinando económicamente y geopolíticamente a través de la economía y de la tecnología.

Y no es un tema de partido. Es un tema consustancial a Estados Unidos como país. Como puedes ver en el gráfico 3.11, tanto la administración de Trump como la de Biden han tenido un modelo basado en una tecnocracia que, para seguir con el crecimiento y el dominio económico, imponen la necesidad de unas sanciones que protejan a las empresas de Estados Unidos. Mientras se mantenga el modelo, el S&P 500 vivirá de unas siete compañías que van a liderar ese salto. El resto, 493 empresas, no puede hacer más que estar a la sombra de las siete grandes, como vimos en 2023.

Gráfico 3.11. Nivel de sanciones comerciales a empresas chinas por parte de EE. UU.

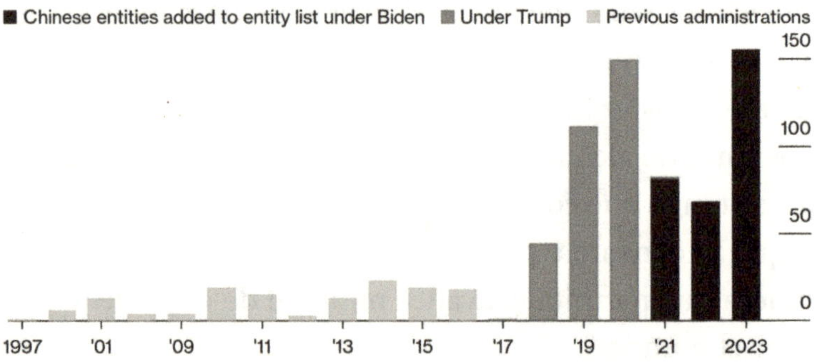

Fuente: Bloomberg.

En el gráfico 3.11 se puede ver cómo tanto una como otra administración en Estados Unidos han jugado el mismo partido: protegerse de la tecnología de China, ya que Europa no es rival para mantenerse y caminar hacia el salto tecnológico que está por llegar.

La otra área fundamental para Estados Unidos es Europa. Ya desde el final de la Segunda Guerra Mundial, Europa ha vivido a la sombra de lo que fue. De su poder internacional y de sus opciones de gobernar mundialmente se pasó a un modelo de sometimiento a Estados Unidos en el que las élites europeas —también conscientes de que no pueden liderar los grandes debates mundiales y no tienen la opción de liderar la tecnología a la que vamos— han supeditado su supervivencia a que Estados Unidos las protejan, las apuntalen económicamente y las vean como del mismo equipo. Pero, eso sí, sin opción de conseguir un modelo independiente que permita a Europa ser una potencia que hay que tener en cuenta en este salto.

Pero, para entender este declive de Europa, también hay que entender qué hay detrás, quién ha sido el más beneficiado y cómo Estados Unidos ha jugado a ampliar su mercado como si se tratara del mercado europeo. Si algo es Europa para Estados Unidos y las élites tecnológicas es un mercado sin igual, con una clase media muy desarrollada, con mucha paz social hasta ahora y con la posibilidad de generar unos ingresos recurrentes y fundamentales tanto para las empresas como para los negocios principales estadounidenses. Sólo hay que ver cómo la sustitución del petróleo y del gas ruso por el de Estados Unidos se ha hecho en tiempo récord e impulsando al país norteamericano a un nuevo empuje de crecimiento que no se podía haber conseguido sin un mercado como el europeo que aúpe sus ingresos —además de tener bases importantes de crecimiento en empresas como ASML, en Países Bajos—. Tal entramado resulta perfecto para Estados Unidos, pero es muy negativo para Europa. Y todo ello ha permitido a las distintas administraciones estadounidenses poder seguir con un crecimiento basado en la deuda (no hay que olvidar esto), pero también basado en su posición en Europa como elemento clave para mantener el ritmo y la evolución de su progreso.

Estados Unidos tiene una oportunidad única para ligar ya el crecimiento futuro a un salto que puede ser definitivo para generar la riqueza de una tecnocracia que no sólo asusta, sino que tendrá enfrente al resto del mundo que quiere impedir esa especie de «despotismo ilustrado tecnológico» que está cerca de asentarse definitivamente. Ésa es también la raíz de los problemas geopolíticos que estamos viviendo en los últimos años y que amenazan con extenderse. Entender el momento histórico en el que estamos será clave en las próximas décadas. Si Estados Unidos llega solo a la tecnocracia será un reino económico sin precedentes. Pero conoce los riesgos y los peligros que acechan, porque el resto del mundo, sobre todo el bloque de China y Rusia, saben cuál es el destino final de lo que está buscando Estados Unidos y no quieren consentirlo —sobre todo China, cuando tiene al alcance marcar una época histórica que le permita alcanzar la hegemonía e intentar un mundo multilateral, al menos hasta que su dominio sea tan aplastante económicamente hablando que ya no le interese ese mundo multilateral.

Ésta es quizá la partida más importante de la historia de la humanidad en términos de liderazgo internacional. En ningún momento de la historia quien ha liderado el mundo ha tenido tan cerca convertirse en hegemónico «para siempre». Pero el resto lo sabe. Y no quieren permitírselo.

4

Europa: crisis energética y búsqueda de su poder diferencial

En todo este panorama internacional aparece de repente Europa, como un continente en decadencia pero que mantiene un elemento que otros quieren tener: el sistema de bienestar social que permite que su población todavía mantenga un nivel de vida muy superior a la mayoría del de los países del mundo (siempre en términos de pobreza comparada y de nivel medio de ingresos y de servicios recibidos). Es una situación muy compleja para Europa, ya que tiene al alcance de la mano todo lo creado desde los últimos siglos, pero, a la vez, tiene una serie de riesgos y debilidades que la dejan en una situación muy muy complicada.

Si tuviéramos que contemplar un elemento que es común en Europa y que se coloca a la cabeza de sus problemas, éste sería, sin duda, el de su clase política y el hecho de haberse rendido tanto a las élites como a Estados Unidos. Conscientes de que Europa ya no es lo que fue, sus gobernantes aspiran simplemente a mantener la caída en los mejores términos mientras sea posible. La Unión Europea, que había sido el elemento de integración clave, empieza a perder soportes a medida que las élites han tomado el poder frente a los intereses de los ciudadanos.

Es cierto que en la Unión Europea se han evitado, hasta ahora, las tensiones internas que fueron la clave geopolítica en el siglo XX y que llevaron al desastre al conjunto del mundo. Pero también es cierto que el grado de control y de sumisión de la nueva Europa nacida desde la Unión está tomando un cariz peligroso para el interés de los ciudadanos. La creación de la identidad digital, unida a la creación del euro digital, amenaza con terminar de eliminar la base de libertades fundamentales sobre la que se asienta el Viejo Continente y, con ello, también alienta la posibilidad de volver a unas tensiones internas que puedan poner en peligro los pilares de la Unión Europea.

El Brexit del Reino Unido fue el primer golpe fuerte al proyecto europeo; pero la división cada vez mayor y la incapacidad de unas élites más comprometidas con la tecnocracia que con los ciudadanos amenazan con extender esa mancha por más países en un futuro, cuando las tensiones vuelvan a afectar a la economía. El auge de la derecha en la gran mayoría de los países europeos llama a un giro necesario para evitar ese choque sin precedentes. Pero, a la vez, eso muestra el enorme riesgo de tensión que puede padecer Europa a corto plazo.

Y no es el único riesgo que afronta Europa. Su nivel de deuda, al igual que en Estados Unidos, es otro de los elementos clave. Italia y España, en ese orden, juegan un papel definitivo para la Unión. La entrada en tensiones de deuda de estos dos países devolvería las peores pesadillas a Europa y generaría la sensación de que la Unión fue fallida y sólo se sostiene por una máquina perfecta de hacer dinero que no es sostenible con el tiempo. Y a la vez mostraría a estas economías, sobre todo a España, que han vivido de una ilusión que no es verdadera. Todo ello pondría a la Unión Europea ante el espejo de una quiebra sistémica. Pero eso, que lo sabe Europa y sus gobernantes y el Banco Central Europeo, es algo que resulta complicado que permitan desde las distintas instancias. Ya se aprendió en 2013 que España es demasiado grande para caer y para que arrastre a toda Europa a una quiebra que obligue a dividir la Unión en dos partes y que, por tanto, ponga punto y final al proyecto que tras la Segunda Guerra Mundial se alumbró y que tanto sueño ha quitado a tantos políticos tras aquella contienda bélica.

Por ello, vigilar los niveles de deuda será clave para poder seguir avanzando en un modelo de supervivencia pero de «calidad de vida» de los europeos, que ahora mismo es lo único que se pide. Seguir viviendo tan bien como ahora lo están haciendo, sin saber que sin sacrificios no hay manera de sostener lo que se tiene.

La energía sería el tercer pilar de los peligros que afligen a Europa. Una transición energética inconclusa y con más dudas que certezas lleva al Viejo Continente a intentar un modelo que le permita vivir del sol y del viento para no depender del gas y del petróleo que no tiene. En un mundo energético que incluso afecta al futuro tecnológico, Europa vive encadenada a una «soga verde» —como bien define el periodista económico Lorenzo Ramírez— que le impide tener los recursos para poder dar un salto cualitativo en lo económico. Y más ahora, cuando Rusia ya no es el socio que fue desde el inicio del siglo XXI y que permitía que el viejo sueño europeo de mantenerse en la cresta de la ola siguiera vivo.

Ahora, su dependencia de Estados Unidos le hace perder definitivamente la opción de conseguir un elemento diferenciador y competitivo para una industria que lo tiene complicado para sobrevivir en un escenario donde China, Japón y, sobre todo, Estados Unidos quieren conseguir cada centímetro de la tarta de las exportaciones y del avance tecnológico. Sólo hay que ver la diferencia entre el Nasdaq 100 estadounidense y el TecDAX alemán (como vemos en el gráfico 4.1).

En el gráfico 3.9 se puede ver cómo Europa, de la mano de Alemania, va perdiendo el tren que le acompañaba en las últimas décadas. Y lo hace prácticamente de manera definitiva frente a Estados Unidos. Pero mira la línea de tiempos del gráfico, pues eso no ha sucedido hace tanto tiempo. En marzo de 2023, ambos índices tecnológicos caminaban de la mano. Es la irrupción de la inteligencia artificial en el Nasdaq 100, con Nvidia como punta de lanza, lo que hace cambiar todo y lo que pone a Europa en una situación altamente complicada de cara al próximo salto tecnológico. Aunque la noticia no es nueva, ya que, en la batalla de las puntocom, en la de los buscadores del inicio del siglo XXI, Europa ya quedó fuertemente retrasada tecnológica y empresarialmente.

El problema es que el salto ahora es mucho mayor. Si Europa pierde el salto cuántico de la economía, ya no tendrá más opción que seguir como pueda a la sombra de Estados Unidos y servirle como punto de apoyo en determinadas industrias, pero nunca como elemento clave de competencia. Salvo ASML, la compañía neerlandesa de microchips, Europa es un erial lleno de regulación pero carente de compañías capaces de competir en el primer nivel.

En el gráfico 4.1 puedes ver las cotizaciones y el empuje de una serie de empresas de Estados Unidos vinculadas al salto cuántico y la inteligencia artificial frente a sus homólogas en Europa. Es aterrador ver cómo Europa ha dejado pasar la oportunidad de invertir y orientar su industria a este entorno.

Gráfico 4.1. El índice tecnológico alemán contra las grandes del Nasdaq

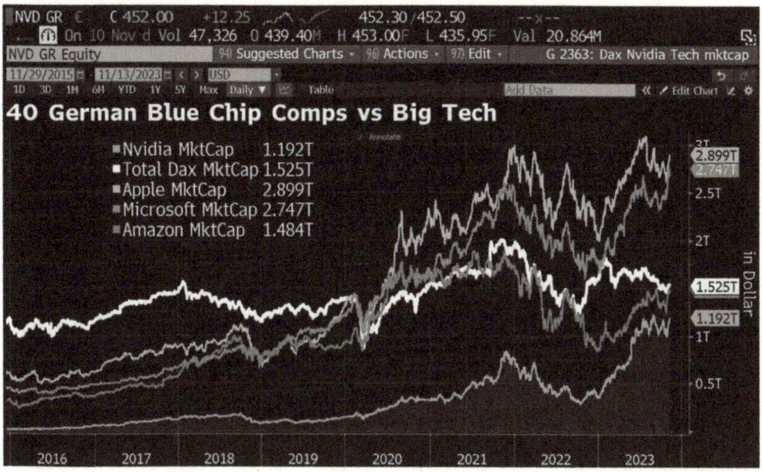

Fuente: Bloomberg.

El gráfico 4.1 nos muestra el poder de las grandes empresas tecnológicas en Estados Unidos frente al poder tecnológico de todo un país. Y nos muestra la situación tan complicada en la que Europa, con Alemania como punta de lanza, se encuentra en este momento.

La tecnología, como has visto, es uno de los principales problemas por resolver, pero no sabemos si Europa tiene tiempo ya para cambiar la situación actual. A partir de ahí emerge otro fenómeno que es fundamental para comprender lo que se está viviendo: la demografía.

Es cierto que el problema demográfico lo comparte Estados Unidos con Japón e incluso con China, pero en Europa se dan condiciones particulares que lo hacen más complicado. El gráfico de pirámide invertida poblacional en el Viejo Continente es más preocupante por la situación extrema a la que se van a enfrentar países como España hacia 2030. En España, el sistema de pensiones está prácticamente roto, y no se actúa contra esa situación; de modo que eso nos muestra que Europa se enfrentará a dos opciones: una pérdida de identidad sin precedentes debido al aumento aún mayor de la inmigración hacia Europa o una despoblación como nunca antes se ha visto en los últimos siglos.

Nos dicen que la inteligencia artificial vendrá a lograr ese «efecto sustitución», pero la realidad que hemos visto con anterioridad es que la inteligencia artificial vendrá de la mano de empresas de Estados Unidos, de tal manera que eso no servirá para asentar las bases de Europa. El problema demográfico en Europa tiene como elemento fundamental que el envejecimiento poblacional va a alterar negocios y sectores en su conjunto, como, por ejemplo, el inmobiliario. Ahora, cuando vemos la cantidad de casas construidas, podemos alertarnos al ver que hay un salto enorme entre lo construido y lo que realmente se necesita. Pero no sería tal problema si estuviéramos viendo la situación a diez años vista. ¿Hasta qué punto uno de los principales lugares de reserva de ahorro de los ciudadanos europeos, la propiedad inmobiliaria, está a punto de saltar por los aires? ¿Crees que un matrimonio con uno o dos hijos no va a dejar ya en herencia una o varias viviendas para sus hijos? Los matrimonios con un solo hijo o hija como descendiente no tendrán que ver cómo sus hijos tienen el mismo problema que ellos tuvieron para dar el salto a la compra.

Así pues, podemos encontrarnos con que, frente a lo que sucede y le ha sucedido a la generación actual y a las anteriores, las próximas generaciones que se incorporen al mercado laboral no tendrán la necesidad de endeudarse para poder disponer de una vivienda, sino que la tendrán en herencia —o bien para vivir en ella, o bien para venderla y adquirir otra—. En cuanto eso se produzca, tendremos un efecto de reducción de endeudamiento muy fuerte, por lo que una de las principales causas de la deuda quedará topada para toda una generación futura, y quizá para todas las futuras.

Esto tendría varias consecuencias. La primera de ellas es que muchas personas tendrían menos necesidad de obtener ingresos recurrentes debido a la ausencia de grandes pagos corrientes en el presupuesto mensual individual o familiar (como el dedicado a la vivienda). Asimismo, los bancos centrales tendrían menos capacidad para luchar contra la inflación, ya que su poder de reducción inflacionaria quedaría más limitado si no hay grandes endeudamientos como los vividos las últimas décadas. Y también se produciría un fuerte crecimiento de los servicios frente a la producción de bienes, porque gran parte del consumo será de servicios si los usuarios tienen ya solventado su problema de bienes en el corto y medio plazo.

El cambio demográfico puede ser algo salvaje para Europa. Tal vez habría aspectos positivos que jugarían a favor, aunque ahora no los veamos todavía con claridad. Uno de ellos sería la posibilidad de que el sur de Europa, con España e Italia a la cabeza, se convierta en un auténtico balneario para las potencias más poderosas económicamente; con lo cual podría darse también un efecto de traslación de riqueza hacia una Europa que se centraría prioritariamente en ofrecer y vender servicios, como, en este caso, el turismo, especialmente el de sol y playa. Junto con Portugal y Grecia, los países del sur de Europa podrían aprovechar sus ventajas climáticas para posicionarse como un elemento de crecimiento, de divisas y de desarrollo inesperado para sus élites gobernantes.

Ese idílico sur de Europa podría ser ese lugar del retiro, o bien ese lugar donde quienes amasen grandes cantidades de dinero querrán acabar su vida laboral. Eso dejaría un espacio para Europa en el desarrollo de un sector servicios, sobre todo a través del turismo, que permitiría recuperar por esta vía lo perdido en el salto tecnológico.

Volviendo al aspecto energético, que era el tercer gran riesgo en Europa, hay que apuntar que no es sólo tecnológico el problema que lleva asociado, sino que también conlleva un problema de competencia y de competitividad de las empresas europeas. La consecución de los grandes acuerdos entre Alemania y Rusia supuso un salto sin precedentes en la competitividad de la industria germana, intensiva en energía para distintos procesos en automoción y en otras áreas fundamentales en el sector industrial. Por ello, el acuerdo con Rusia supuso un salto diferenciador que llevó a Alemania a lanzarse a competir con Japón y, luego, con China. Alemania tenía una base fundamental, que se llamaba «energía rusa».

La guerra de Ucrania no sólo pone el contador a cero, sino que lo pone en negativo. Mientras que Europa ve afectado el crecimiento de su economía por la situación energética, Rusia ha hecho un cambio perfecto con Asia para llevarle la energía que antes circulaba por Europa y, mientras eso ha pasado, Europa ha preferido acercarse a Estados Unidos para comprar su energía, a pesar de su alto coste.

En uno de sus últimos análisis en 2023, J. P. Morgan anunciaba que Rusia crecería hasta el triple que Europa poco más de un año después de haberse iniciado la guerra de Ucrania, por lo que se podía ver de manera clara el efecto que tenía para los europeos el cambio de política llevado por la clase dirigente del Viejo Continente y cómo sus medidas no habían tenido el efecto deseado; sobre todo porque no habían tenido valentía frente a los grandes conglomerados de intereses. No habían puesto un tope al petróleo que de verdad hiciera daño a Rusia y no habían parado los pies a los oligarcas navieros griegos que han podido vender su vieja flota de buques a Putin para que éste siga transportando el petróleo sin afección en sus cuentas.

Europa pudo hacer más, pero no lo hizo, y perdió una opción clara de crecimiento a costa de mantener los claros intereses que suponen estar respaldada por Estados Unidos, aunque esa decisión produzca un grave daño económico para sus ciudadanos. Fue una decisión tomada por las élites en Europa con el fin de mantener un plan claro al lado de los estadounidenses, pero difícilmente podrían explicar tal decisión de una manera razonable a su población, si es que tuvieran que explicarla. Porque tampoco es que el sistema dé muchas opciones a la población para entender qué sucede a su alrededor y qué decisiones se toman en su nombre.

Todos los objetivos con la vista puesta en 2030 tienen un marcado carácter de choque con Europa. Se observa claramente cómo uno de los puntos fundamentales de transformación es Europa, como clave fundamental de transición hacia un nuevo modelo, que, por otra parte, dejará en una situación muy complicada a los diferentes países del continente. No hay un plan, en el buen sentido de la palabra, para que Europa tenga un futuro económico claro y pueda aspirar a tener una posición relevante en el tablero económico mundial. ¿A qué se va a dedicar Europa? ¿Cuál va a ser su punto clave de desarrollo? Sol y playa, dicen algunos. Pero lo que está detrás de esto es la falta de competitividad y de aspiraciones para ser una de las grandes potencias mundiales, para poder tomar el control de alguna de las industrias punteras en las próximas décadas.

Y a todo ello, como contábamos antes, se suma la losa de una deuda difícilmente sostenible en el medio plazo. En el gráfico 4.2 se puede ver cómo los diferentes países europeos (en el gráfico, Italia, Alemania, España y Francia) tienen ante sí un camino de deuda muy complicado.

Gráfico 4.2. Desarrollo indexado de la deuda en Europa

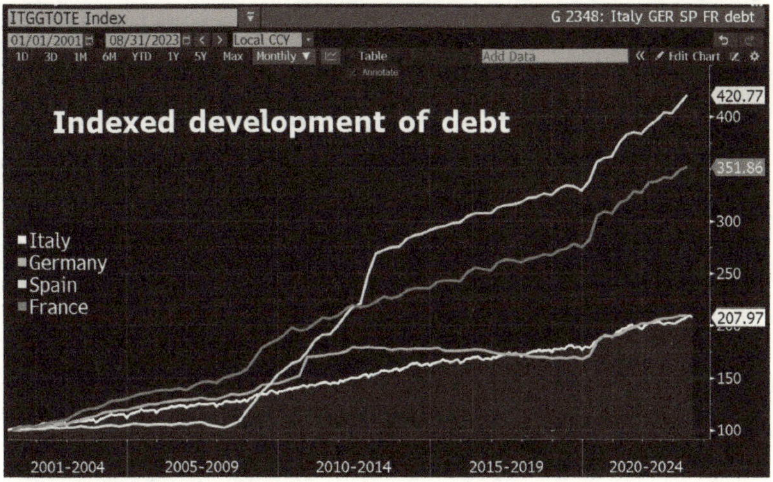

Fuente: Bloomberg.

España y Francia, y no Italia, parecen la amenaza escondida. Cuando gran parte del mercado mira a Italia, en el fondo, está dejando de mirar a España y Francia, cuyo nivel de avance de la deuda que no deja lugar a dudas del gran problema que tienen detrás y que puede ocasionar al conjunto de Europa. España está a la cola de Europa en cuanto a tasa de paro, aunque en términos nacionales esté en los mejores números de desempleo históricos a finales de 2023. Sin embargo sigue con un problema estructural de desempleo que le lleva a que la deuda sea una losa más en los problemas que puede encontrar a medio plazo. Por no hablar de Francia, que ha vivido de los problemas ajenos para poder esconder sus propios problemas de deuda. De hecho, los dos países han vivido de la deuda para poder esconder sus propios problemas de crecimiento económico. Tanto España como Francia han aprendido que la única manera que quedaba para generar crecimiento era un salto adelante del endeudamiento que pudiera dar a corto plazo la sensación de mejora del país. Y los ciudadanos no se dan cuenta de que ese crecimiento viene impulsado por la deuda y no por la productividad ni por la capacidad del país para sacar adelante sectores que den valor añadido y que permitan que finalmente se pueda generar un crecimiento sostenido del país.

Las malas inversiones estratégicas y estructurales han impedido que ese endeudamiento tenga un retorno para generaciones futuras. Simplemente hay gasto y despilfarro. Y, sobre todo, se ha perdido una oportunidad para conseguir que el dinero que se invierte sea de cara a una evolución como país, pues no ha habido una inversión en grandes sectores generadores de empleo y de talento para que se pueda competir con las grandes potencias.

Por ello, resulta más dramático el dato de deuda en España y Francia (sin menospreciar el problema de Italia). Un aumento fuerte de la deuda sin contraprestación productiva es como poner una piedra gigante en la espalda de las futuras generaciones, una losa que no podrán levantar fácilmente. ¿Cómo se destruye un país a futuro? ¿Cómo se consigue que un país próspero deje de serlo para las futuras generaciones? Observemos el modelo de España, que es ejemplar para entenderlo. En España hay gasto, gasto y más gasto, y encima no se tiene en cuenta dónde se invierte ese dinero público que deberán pagar las futuras generaciones; con eso tendremos ya suficiente para entender la clave fundamental de la caída de países prósperos en un agujero de desesperanza económica.

Gráfico 4.3. PIB trimestral en Europa y su comparación con el G7 y la OCDE

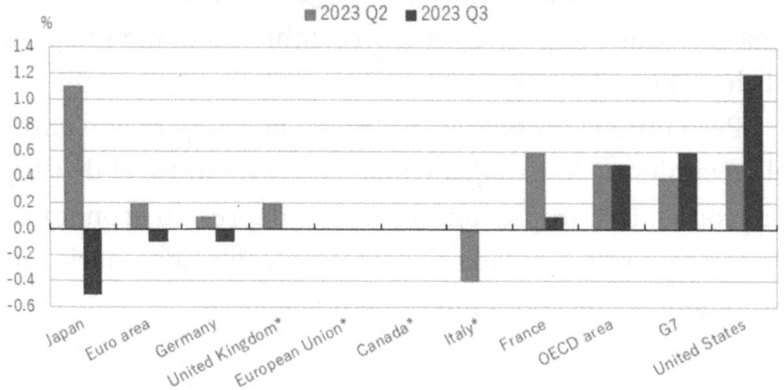

* En Q2 y Q3 2023, Canadá y la Unión Europea registran un crecimiento nulo. En Q3 2023, Italia y Reino Unido registran un crecimiento nulo.
Fuente: OCDE.

En el gráfico 4.3 se puede ver el drama del crecimiento en Europa y, colateralmente, la razón por la cual, en esa circunstancia, Alemania pasa a Japón (su caída del PIB es menor), a pesar del crecimiento congelado de la economía germana. Están peor los japoneses, pero no han mejorado los alemanes.

El crecimiento de Europa es raquítico, mientras los respectivos países han planteado como vía grandes dosis de inyección monetaria y altos déficits fiscales. La inyección fiscal de liquidez en España o Francia ha sido salvaje y les ha permitido ser los países que más crecen de Europa precisamente por endeudarse para ese crecimiento. No parece ser la solución más realista, porque en el fondo lo que están haciendo es esconder una «enfermedad económica» mediante la emisión de deuda y la ayuda o el estímulo fiscal que haga que el crecimiento comparado sea más potente. Pero es un crecimiento inane, vacío, sin objetivos, sin plan, sin retorno para la economía a futuro. Y todo por exhibir una cifra que tampoco aporta un cambio fundamental para el ciudadano de a pie.

Pero mira el gráfico 4.3 y observa la comparación entre el crecimiento de Estados Unidos (y, si figurara, el de China) con el de Europa, sumida en una depresión económica de fondo y sólo ayudada por una inyección monetaria sin precedentes que ahora intentamos adelgazar.

Gráfico 4.4. Balance del Banco Central Europeo

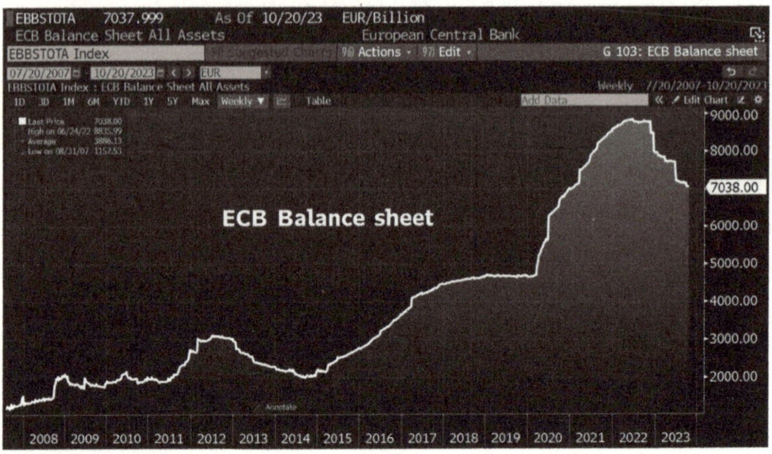

Fuente: Bloomberg.

El gráfico 4.4 refleja muy bien la montaña de deuda que se ha creado por el Banco Central Europeo para capear la depresión económica en la que está el conjunto del Viejo Continente y que sólo tiene como objetivo tapar en el corto plazo una situación complicada, que ya partía desde antes de la pandemia por la COVID-19 y que no ha abandonado a Europa desde que la crisis financiera y bancaria golpeara toda la base económica sobre la que se fundamentaba el crecimiento europeo. En 2008, antes del estallido de la crisis financiera, te puedes imaginar que también era la deuda la clave fundamental del crecimiento. En aquella ocasión de hogares y empresas pensaban que no había límites al endeudamiento porque tampoco los había al crecimiento. Gran error que todavía estamos pagando.

El gráfico 4.4 refleja el enorme problema europeo sobre el que se ha asentado la economía y que tan complicado es de cambiar en este contexto actual. Ello está unido a las políticas de gobiernos que ni quieren reducir los incentivos o estímulos fiscales ni quieren parar una política expansiva de revalorización de pensiones y sueldos, todo lo cual lleva directamente al colapso económico. Antes o después, depende de cuándo se acabe el dinero, todo saltará por los aires, porque no hay manera de aguantar ese ritmo de gasto y de endeudamiento sin precedentes.

Europa es el mejor ejemplo de un mundo que no sabe más que crecer a base de endeudamiento y que busca la mejora de la economía en aspectos que no son clave para el crecimiento futuro. De tal manera que la economía crece de manera artificial y coloca elementos nuevos en la descripción del producto interior bruto, que empieza a ser alterado constantemente por gobiernos que buscan tener un buen resultado en ese dato, pero no un crecimiento sano y sostenible para crear riqueza a futuro.

¿Cuál es el papel de Europa? ¿Tiene Europa tiempo todavía para recuperar un espacio de futuro sobre el que despertar las ilusiones de sus ciudadanos? La respuesta breve es «no». Pero esa respuesta quedaría limitada a mantener el estado actual y no tener más sobre lo que construir. La realidad es distinta. Europa tiene un potencial brillante, aunque sólo si promueve un cambio hacia la protección de su economía y sus fronteras y construye un modelo de economía con objetivos claros.

Es decir, Europa necesita un plan que permita conseguir poco a poco los objetivos planteados y que recupere una parte de la fuerza de la economía europea sobre la base del talento y de un sistema no subvencionado que permita que la libertad vuelva a ser el eje transversal. El primer paso para ello es la deuda. Se necesita un plan claro para dejar de gastar en cuestiones que no generen a futuro un mayor valor que la inversión que suponen. Y ello llevará indefectiblemente a reducir la deuda actual para devolverla lo más rápido posible al nivel de 1990. Como un ajuste de justicia generacional, la población actual debe hacerse cargo de una parte importante de deuda y debe recuperar un crecimiento a base de inversiones, y no de gasto. Y eso se ha de hacer sobre la base de una nueva agenda que permita acabar con el actual desenfreno de gasto inservible.

Así que sí hay opción. Lo que no parece que le quede a Europa es mucho tiempo. En no más de 15 años, China será inalcanzable, y Estados Unidos puede haber convertido Europa en su último lugar de crecimiento de su economía, aunque sea a costa de los europeos. Ahí está Europa, para que los estadounidenses puedan mantener su poder actual y un desarrollo que no podrían tener en zonas donde no actúen como «protectorado económico». El tiempo es lo más escaso que tiene Europa. Sumida en una pérdida de tiempo continua, debe cambiar el paso de manera veloz para intentar afrontar los múltiples riesgos energéticos, geopolíticos, demográficos y tecnológicos que tiene por delante.

Pero gran parte de lo demás sí lo tiene. Necesita concienciar a la población de que el paso se ha de dar ahora o nunca. Ahora debe producirse un cambio total, o nunca se volverá a tener la opción de recuperar al Viejo Continente para la causa de intentar liderar el crecimiento mundial. Y el camino que no se percibe en Europa está muy centrado en Alemania. Europa debe dejar de jugar todas sus cartas centrándose en Alemania. Europa es mucho más que Alemania. Si no sabe percibirse como un elemento unido, de todos con todos, entonces, Europa perderá también la fuerza de la Unión y quedará reducida a una quiebra total. Quedará dividida en más trozos que los que había cuando Europa quiso unir su destino en la Unión Europea.

Y aquí llega el último punto fundamental respecto a Europa: la inmigración. No hay lugar del mundo que resista una invasión migratoria como la que está viviendo Europa; ni en número ni en el sentido cualitativo. Asumir ese modelo de inmigración puede suponer un enorme suicidio demográfico de Europa. Cuando los europeos se den cuenta de que ya no son dueños del futuro del Viejo Continente será tan tarde como cuando aquellos que peleaban en Constantinopla vieron cómo alguien se había dejado abierta la *kerkaporta* (la puerta del circo de la ciudad), por donde entraron los turcos. Un pequeño descuido acabó con Constantinopla. Te recomiendo que acudas a esa historia como metáfora de lo que le está sucediendo a Europa en materia migratoria.

Aquí surge la duda de si estamos ante un descuido o es parte de un suicidio demográfico sin precedentes y que pasará a la historia tanto o más que la *kerkaporta* de Constantinopla. Sin un plan claro de atraer el talento y a aquellos que quieren integrarse de verdad en la sociedad europea, el conflicto social de los próximos años estallará a tal nivel que será imposible tener paz ni un solo día en Europa, en ningún rincón de Europa.

Y es posible imaginar qué se puede producir, crear o planificar en un lugar donde la paz social se ha acabado para siempre y donde lo que hay es un entorno de guerra constante entre quienes han llegado en un movimiento migratorio sin precedentes sobre la base de una promesa jamás hecha pero que tiene que ser cumplida. Es decir, una sociedad europea que genere suficiente riqueza como para repartirla con todos ellos y que pueda integrarlos en una sociedad en la que no quieren estar, sino que quieren cambiar para que sea el lugar exacto del que huyeron.

Cuidado con Europa, porque el tiempo se acaba. Y los retos y las dificultades a los que se tiene que enfrentar son tan grandes y tan complicados que se necesitará tesón, valentía y mucho coraje. Y, por supuesto, se precisará talento; pero eso los europeos sí lo tienen. El problema es que está escondido en la comodidad del día a día.

5

El petróleo y la energía como elementos clave de la economía del futuro

La energía ha sido el elemento clave de los últimos siglos. Sin energía no habría podido alcanzarse el nivel de desarrollo que vivimos en la actualidad. Y el principal reto para afrontar un salto cualitativo en la economía está en la energía. Por ejemplo, sería mucho más fácil abordar la carrera aeroespacial si tuviéramos una fuente de energía prácticamente ilimitada y capaz de generar mucha más energía de la que somos capaces de imaginar ahora mismo en el mundo.

La energía es la clave del desarrollo y de las posibilidades futuras que pueda tener la humanidad. Por ello, la energía es uno de los pilares fundamentales que pone freno o impulsa el desarrollo y el crecimiento. Si hay una crisis o un salto energético, eso repercute en la economía de manera inmediata.

Otra cuestión clave es que, si cambia la fuente energética que genera el impulso económico (carbón en el siglo XVIII, petróleo en el XIX y XX, ¿renovables en el XXI?), entonces, cambia el centro de gravedad geopolítico; y en la actualidad se movería desde los países de la OPEP y Estados Unidos, que ahora mismo han ejercido como cártel, hacia un modelo que puede ser diferente geopolíticamente.

Entremos en el primer aspecto. Demos por hecho, aunque no deberíamos hacerlo, que el petróleo va a dejar de ser la principal fuente de energía y que las renovables (la energía verde) se va a convertir en el futuro energético del mundo. ¿Cómo convencer a los países de la OPEP de que dejen su espacio para que otros países obtengan sus ingresos y su riqueza? ¿Qué darles a cambio? ¿Cómo hacer la transición sin que se opongan de tal manera que lo puedan bloquear?

Gráfico 5.1. Consumo mundial de energía en el mundo, según la fuente

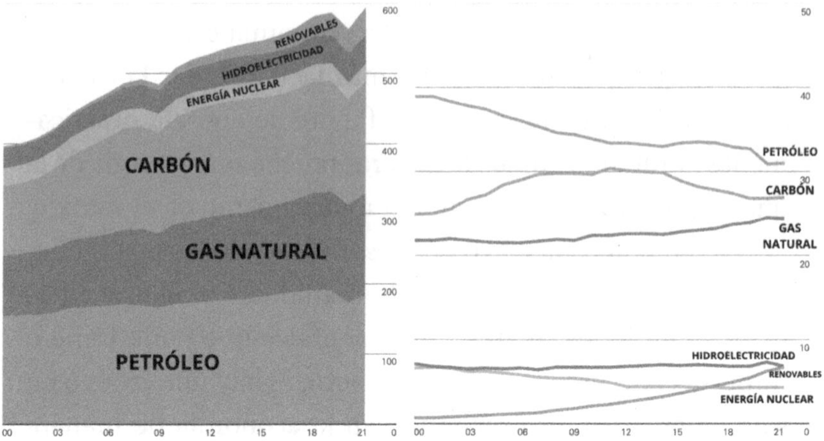

Fuente: BP Statistical Review (2022).

En el gráfico 5.1 se puede ver que el petróleo sigue siendo la fuente clave, pero su caída en los últimos ejercicios es notable y abre la puerta a que otras fuentes puedan ir sustituyendo al petróleo. Pero ¿cómo pueden hacerlo sin tener un problema geopolítico ni económico?

Aquí radica el elemento oculto clave que mueve el mercado del petróleo. En el último siglo, la pelea económica era por obtener la mayor cantidad posible de petróleo y mejorar la productividad en la extracción. Ahora mismo, esas mismas empresas del petróleo que fueron clave en las últimas décadas estiman cuál será el papel futuro del crudo y cómo conseguirán mantener el crecimiento económico de un negocio que se parece, en su estructura a futuro, al del tabaco. Son un negocio todavía, pero su futuro empieza a desvanecerse. En su futuro, los nubarrones atesoran un componente dramático para todo aquel que vive de la industria del crudo.

Es evidente que un mundo que busca contaminar menos y que ha conseguido que las fuentes limpias de energía empiecen a aportar en el mix energético cada vez más tiene todo el camino libre para reducir de manera muy importante la dependencia del petróleo y del carbón gracias a las energías verdes (solar, eólica, hidráulica, etcétera). Es un cambio de paradigma que, sobre el papel, es sencillo, pero que en lo referente al equilibrio de poderes geopolíticos no lo es en ninguna medida.

Los países de la OPEP, junto con Rusia, ven todo el movimiento de Occidente contra el petróleo como un elemento de ataque a su futuro, y es normal que así lo vean. La transición energética de Estados Unidos, o de Europa, o de China, no es nada en comparación con la transición energética más la transición económica que tienen que hacer estos países. Deben dejar de ser «gasolineras» en lugar de economías (entiéndase la comparación) para pasar a tener una economía que tiene que reinventarse. Ninguna economía de la OPEP está hoy en condiciones de afrontar los dos caminos a la vez, el de la energía y el de la economía. Esa doble transformación lleva a que, cada vez más, se intuya que la tensión geopolítica alrededor de estos países vaya a ir creciendo y vaya a ir generando un problema en Oriente Próximo, con Irán y Arabia Saudí como elementos principales, y con Rusia como elemento de mayor tamaño.

¿Cómo llevar a cabo esa transición de la economía mundial sin generar un problema de calado en estos países que lleve a generar más tensión geopolítica y que pueda dañar todavía más las diferentes regiones? Es cierto que hay un elemento de unión importante, y es que la transición hacia una nueva fuente de energía renovable que domine el mundo energético tiene que hacerse de la mano de China. Como proveedor tecnológico, como país clave que tiene los recursos naturales necesarios para que todo el mundo pueda realizar esa transición hacia fuentes verdes, China es consciente de que tiene que trabajar la paz con los países de la OPEP y de que no puede hacerse una transición que les deje a ellos fuera. ¿Cómo equilibrar todo esto? Parece claro que a través del gas natural, que permite que estos países puedan moverse hacia fuentes limpias y que Occidente también se mueva hacia fuentes limpias.

Pero qué le dirías a un cliente que te dice que quiere dejar de consumir tu producto dentro de unos años, cuantos menos años mejor, pero que ahora eres clave para él. Vamos, que tienes que asestarte tu propia cuchillada económica para poder conseguir que tu cliente sobreviva económicamente. Es un dilema muy complicado. De ahí lo que sucedió en la guerra de Ucrania cuando Rusia veía que, antes o después, iban a perder a Europa como cliente y que, a la vez, necesitaba irse con países que pudieran ser clientes más a futuro, como China o India. El error estratégico de Europa es histórico. Si de verdad necesitas el petróleo para hacer la transición, entonces has perdido una baza fundamental.

De ahí que el dilema sea profundamente complicado y que enraíce con Estados Unidos. Aunque se necesite acabar con el petróleo y el carbón para poder aspirar a una transición energética, es muy difícil pensar que el mundo va a cambiar tanto económicamente como para prescindir del todo de la energía que ha movido al mundo en los últimos siglos. Cuesta pensar que el cambio será tan radical para una gran parte de la industria. Aunque sí se está planteando que lo será, los grandes productores del mundo todavía estiman que no va ser como se está indicando. Y el principal motivo es demográfico. Si el declive poblacional se acelera, en ese caso, las estimaciones están alrededor de una caída importante del consumo. Pero ¿y si no se produce eso? Si finalmente lo que tenemos es un ascenso demográfico de China e India, con grandes capas de población accediendo a la clase media desde las clases bajas, eso hará aumentar el número de personas con poder de compra suficiente como para aumentar la demanda de petróleo.

Éste es el elemento clave que trabajan varias asociaciones que analizan el mercado y que las lleva a realizar estimaciones que apuntan hacia un lado o hacia otro. Si estimas sólo el declive poblacional, no hay nada que hacer para defender el petróleo; porque, además, la necesidad será cada vez menor. Pero, si estimas que el ascenso de China e India es imparable, ahí tenemos una fotografía distinta. Ahí no necesitas tanta población para mantener un consumo lineal respecto al actual y, por tanto, no tienen suficiente capacidad de producción para un empuje en el que el Sur Global (China, India, México, Brasil, Argentina...) se incorpore a un nuevo modelo de crecimiento total y que asegure el acceso a la clase media de más población de la que ahora mismo se está consiguiendo aupar.

Si todo eso es así, como decía antes, Estados Unidos tiene un papel clave. Es el mayor productor de petróleo del mundo, tras la aplicación del *fracking*, y, por tanto, si se va a producir una transición energética hacia una economía verde, Estados Unidos está en un espacio clave para poder mantener un pie en cada uno de los entornos. Seguir monetizando el *fracking* y avanzar hacia una economía verde con los ingresos del petróleo y del gas. Eso sería el camino contrario al que quieren seguir Rusia y la OPEP, que buscarían atar al mundo a un modelo basado en el petróleo y en la extracción y retrasar todo lo posible el salto a lo verde, donde su poder será irrisorio si lo comparamos con el actual.

En el gráfico 5.2 se puede comprobar cómo los países que no son de la OCDE son los que tienen esa energía primaria y, por tanto, son claves para que los países de la OCDE mantengan su ritmo de crecimiento sobre la base de la energía que otros tienen. Por lo que el equilibrio está bastante desequilibrado entre quienes tienen la energía primaria y quienes quieren crecer con la energía primaria de los otros. Es decir, estamos ante la historia de la humanidad en formato petróleo.

Gráfico 5.2. Incremento histórico del consumo de energía en países emergentes

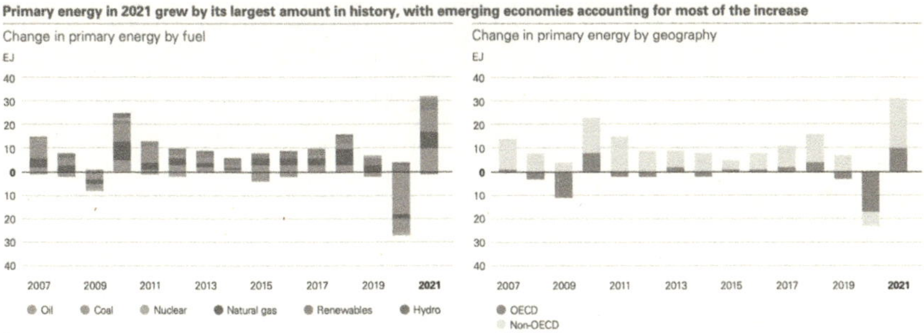

Fuente: BP Statistical Review (2022).

El problema es que los países de la OCDE preferirían tener ellos el recurso primario, a través de energías verdes, y no tener problemas de escasez a corto plazo como ha habido en otros momentos de los últimos cien años, sobre todo tras la guerra de Yom Kipur y el aumento del precio del petróleo, que fue vertiginoso y que empoderó a los países de la OPEP para darse cuenta de que ellos tenían la sartén por el mango.

El gráfico 5.3 refleja el precio histórico del crudo entre 1861 y 2021. En él puedes comprobar cómo la OPEP (Arabia Saudí especialmente) entendió que el precio del petróleo es clave para poder jugar entre la escasez a futuro de la producción que se puede alcanzar y las necesidades en el presente para los países que necesitan el petróleo para el crecimiento. El equilibrio es complicado, pero ahora lo ven claro Rusia, la OPEP y los países productores, que no Estados Unidos.

Gráfico 5.3. Precio del crudo, en dólares por barril (1861-2021)

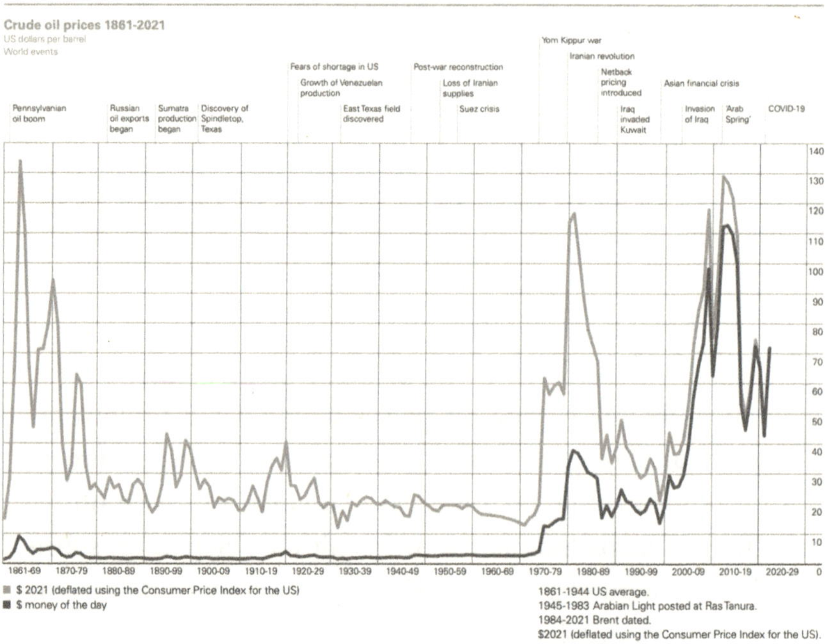

Fuente: BP Statistical Review (2022).

Volvemos al tema de la estrategia de Occidente frente a la OPEP. Se ve claro que el precio de la oferta tiene cogido de manera evidente al de la demanda, salvo que haya un cambio de fondo en el mercado que lleve a que las energías verdes puedan tomar el control de una parte importante de la industria, frente al gas, el carbón y el petróleo. Y ahí juega Estados Unidos. Para la economía más grande del mundo, juega a favor el hecho de que el crecimiento de la producción del país equilibra un precio más bajo del petróleo a nivel mundial, donde sigue ganando una gran cantidad de dólares y de beneficios con el negocio de producción, donde es líder y, además, impulsa a su economía y la transición energética para hacer más duraderas las actuales reservas de petróleo conocidas en el mundo.

Gráfico 5.4. Consumo regional por países y por fuente de energía. Relacionado con el gráfico 5.2

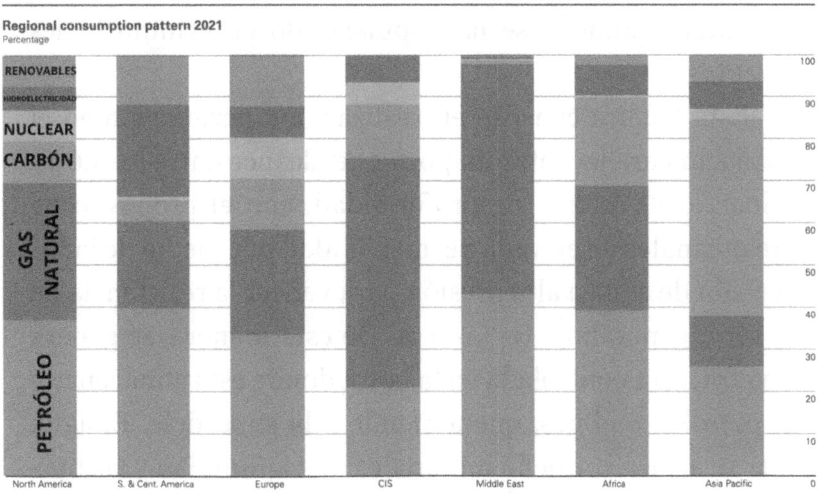

Fuente: BP Statistical Review (2022).

Estados Unidos juega con las dos cartas de la partida: sigue ganando unas grandes cantidades de dinero por la venta de petróleo, porque sigue vendiendo a más precio del que le cuesta gracias al *fracking*, y, además, impulsa a que los países productores tengan menos beneficios sin la contraprestación de tener la economía más grande del mundo y poder compensar los bajos costes energéticos.

Si observas el gráfico 5.4, verás la importancia de las distintas regiones geográficas, así como que Estados Unidos (América del Norte por antonomasia) juega una partida clave donde tiene cartas de las dos manos en juego.

Aun así, déjame hacer una parada para explicar el *fracking* y su importancia.

¿Por qué el *fracking* lo ha cambiado todo? El *fracking* es una técnica que facilita la extracción de gas o petróleo del subsuelo mediante la presión hidráulica. También recibe el nombre de fracturación hidráulica, hidrofracturación o fracturado, aunque se ha popularizado el término inglés *fracking*.

Esta técnica consiste en realizar una perforación en el subsuelo para levantar un pozo que alcance entre los 1.600 y los 2.000 metros de profundidad, con el propósito de crear canales de elevada permeabilidad por medio de la inyección de agua a alta presión para vencer la resistencia de la roca, generalmente, pizarra. De esta manera, se genera una fractura controlada en la bolsa donde está almacenado el petróleo o el gas, que asciende a la superficie. El agua que se utiliza contiene materiales que apuntalan y sustancias químicas (como la arena o la cerámica).

Más allá de los riesgos sísmicos que entraña el *fracking*, hay que apuntar que esta técnica tiene un problema medioambiental importante. Ésa es la razón por la que en España está prohibido. Diversos estudios advierten que el *fracking* podría causar fugas de metano, un gas de efecto invernadero, y una mayor actividad sísmica en las zonas de extracción. Asimismo, en tierra, afectaría a los bosques a gran escala, debido a la gran cantidad de terreno que debe ser despejado para su implementación.

No es cuestión menor poner el foco en este último punto, ya que, desde el punto de vista medioambiental, constituye un aspecto clave contra una de las técnicas de extracción de combustibles fósiles que podría facilitar la lucha contra la escasez energética.

El otro punto fundamental a largo plazo es intentar entender cómo son los intereses creados alrededor del sector petrolero. Sin embargo, esos intereses no son mayores que los que había detrás de la industria del tabaco, que al final asumió su reconversión. Esto hace pensar que, a corto plazo, puede parecer complicado, pero a medio plazo será más sencillo de pelear, visto lo que se ha vivido en el pasado con otras industrias que han entrado en la vía de reducir su peso en el tejido productivo.

Lo que no entiende el sector que defiende el empleo y la extracción de petróleo es que la misma fuerza que ellos intentan implementar a favor de su mantenimiento como fuente energética la tienen aquellos que quieren su abolición y el paso a una nueva era dominada por la energía verde. Son dos *lobbies* poderosos y enfrentados; y en ese choque de trenes se juega mucho más en lo geopolítico que en lo económico.

Por último, en este capítulo quiero abordar un aspecto que ha nombrado mucho y puesto en solfa con excelente brillantez mi gran amigo Lorenzo Ramírez. Se trata de cómo todo este movimiento hacia una economía no contaminante se convierte en una «soga verde» para los países que, influidos por esa «nueva religión verde», acaban con una economía destruida.

La necesidad de avanzar hacia esa nueva economía para quienes no están preparados y no explican a sus ciudadanos cuáles son las consecuencias de adoptar ese camino se convierte en un ejercicio de tremendas consecuencias económicas a futuro. Todo parece supeditado a esa «nueva religión», la climática, que tiene como objetivo fundamental que todo se haga en función de una especie de futuro del planeta, y no tanto de las personas que viven en el planeta; respecto a eso, los interrogantes son muchos. Y en esa neopolítica verde, el petróleo y la extracción de recursos primarios y tierras raras hacen de chivos expiatorios, como el pegamento que une todo el «discurso verde». Ése es el elemento clave que se percibe como algo que puede poner en peligro el planeta y cuya evitación pareciera tan fácil como lo es su simple eliminación de la ecuación económica.

Pero no sólo se trata de eliminar los combustibles fósiles. La «soga verde» va mucho más allá. Es parte de ese plan preparado para 2030 y 2050 que tiene objetivos más profundos que el cambio productivo. Es una nueva economía, limpia, verde, solar, eólica, etcétera; pero, por el momento, sigue captando una gran cantidad de miles de millones de inversión cada año sin conseguir el gran objetivo deseado. Sigue siendo una utopía algo extraña.

Por ejemplo, cuando vemos un coche que es «emisiones cero», tenemos que tener en cuenta aspectos importantes que sí han generado emisiones en su construcción y que van más allá del momento en que cargamos el vehículo con electricidad (también supuestamente limpia). Así, hablando de la batería, no se tiene en cuenta el litio, su extracción y su almacenamiento tras haber sido usado durante la vida útil del vehículo. No se tiene en cuenta que, si todos cargásemos el coche por la noche o por la tarde, el pico que tendríamos sería imposible de cubrir. Puede que a largo plazo sí se consiga; pero ¿a costa de qué? Porque un sistema de movilidad verde que necesite esa capacidad de generación tendrá otros efectos secundarios que ahora mismo no se están valorando.

Los combustibles derivados del petróleo y del gas natural probablemente bajarán mucho su cuota de emisiones en las próximas décadas pero difícilmente llegarán a cero. Y habrá segmentos y usos en que estarán aún presentes. Sobre todo por un elemento que no hemos nombrado todavía: la carrera espacial. Sin embargo, el empleo de carbón sí es posible que se acabe próximamente. Si no lo hace en 2050, lo hará en 2060. Y con ello se cerrará la época de la industrialización para caminar a una economía mucho más de servicios.

Pero eso no pasará tan pronto, si es que pasa, con el petróleo, y menos aún con el gas. Su valor es fundamental para el conjunto de la economía y los defensores de la «soga verde» no podrán tan fácilmente acabar con su empleo.

6

El oro como valor refugio y como alternativa a las monedas

El oro y, por extensión, las materias primas son elementos clave de los inversores en las últimas décadas, sobre todo en inversiones a largo plazo. Si un inversor piensa que el papel moneda no va a poder ser un refugio a medio plazo, tiene dos opciones, según el inversor Robert Kiyosaki: oro para los ricos, bitcoin para el resto.

Y sobre esa base quiero contarte cómo el mundo monetario se está partiendo en dos y cómo las élites y los bancos centrales tienen un problema mayúsculo, y cuál es la solución que han buscado: la moneda digital de banco central (*central bank digital currency*, CBDC).

El siglo XX fue un siglo basado en la lucha entre estabilizar el sistema monetario con el oro o renunciar a él para darle todo el poder al dólar. Desde Bretton Woods se intentó un camino que acabó abandonándose ante una posible explosión mayor debida a la dificultad de mantener las relaciones cambiarias con el dólar y el oro por en medio. Pero ahora vemos cómo aquella explosión evitada nos ha llevado a otro problema que puede ser más grave. Se trata del establecimiento del dólar como moneda de referencia única, junto con todo un sistema de monedas fiat (fiduciarias), que lleva a que los inversores tengan todo su patrimonio sobre un gigante con pies de barro. Esto es algo que se quiere ocultar con la intención de que los déficits y las deudas que se van tomando puedan tener una solución en el medio plazo mediante devaluaciones o con la creación de una inflación galopante que devuelva al sistema la tranquilidad a cambio del empobrecimiento de los ciudadanos.

De ahí que la inversión en oro pasó a ser uno de los refugios fundamentales en el caso de que el modelo en el que entrábamos no sirviera, tras la caída de los pilares de Bretton Woods. Y cada vez que la deuda se dispara, que la inflación golpea o que las guerras asoman de nuevo, el oro se convierte en el valor refugio para el mundo, un mundo que habíamos creado de papel moneda o de moneda fiat. El oro es el único resquicio que le queda al inversor para protegerse contra los gobiernos, el único espacio donde puede saber que lo que tiene lo tendrá. Hasta que llegó Bitcoin. Y entonces la duda está en si hay que buscar un modelo de refugio u otro.

En el gráfico 6.1 observamos la evolución del precio del oro (la onza) entre 1833 y finales de 2023, cuando volvía a retomar la ruptura del precio hacia los 2.050 dólares. Como elemento fundamental en el desarrollo del gráfico está el abandono de los Acuerdos de Bretton Woods (iniciado hacia 1971) y las continuas crisis sucesivas: desde la crisis del petróleo de 1973, la de 1979 y, luego, los momentos inflacionarios de las décadas de 1980 y 1990, la crisis de las puntocom entre 2000 y 2002, y la crisis financiera de 2008.

Gráfico 6.1. Evolución del precio del oro desde 1833 hasta noviembre de 2023

Fuente: Trading View (noviembre de 2023).

El oro actúa como valor refugio cada vez que la situación planteada por los gobiernos no es la que el inversor considera adecuada, y también, cada vez que el dólar cae, el oro tiene sus momentos clave.

En ese sentido, inversores como Robert Kiyosaki vienen alertando de que hay que buscar refugio contra el dólar, y que el oro, pero no sólo el oro, es el entorno en el que hay que estar para protegerse contra el sistema, la inflación y la deuda. De hecho, podemos leer un post en X (antes Twitter) de Kiyosaki en el que, tras alcanzar máximos el oro, alerta de que es mala noticia para trabajadores y ahorradores, y añade que viene diciendo desde hace 25 años que hay que salirse de un sistema de lo que llama «dinero falso» (monedas fíat).[5]

Así, Kiyosaki apunta que el oro, la plata y el bitcoin son la solución de refugio económico que puede y tiene que bus-

5. Robert Kiyosaki [@theRealKiyosaki], X, 26 de noviembre de 2023, <https://twitter.com/theRealKiyosaki/status/1728619993213120619>.

car el inversor. Y explicita que, ante el «dinero falso», la opción que le queda al ciudadano de a pie es buscar una alternativa urgente. Como ves, desde la caída de los Acuerdos de Bretton Woods hay una parte del sistema que no se cree el sistema mismo y que busca la manera de tener una solución para cuando todo estalle y de poder tener su inversión fuera de las monedas fiat.

Pero el oro esconde algunos aspectos básicos que han conformado más esta fotografía de los últimos años; sobre todo, aspectos geopolíticos. Así, al menos desde 2018, los bancos centrales están comprando grandes cantidades de oro[6] para asegurarse, al igual que el ciudadano de a pie, de que, si el sistema ya no se aguanta por culpa de la deuda y si hay que hacer una voladura controlada, puedan tener entonces la opción de una supuesta vuelta a Bretton Woods y a establecer el patrón oro como elemento de cambio de la moneda.

En ese movimiento, China y Rusia vuelven a figurar como los principales compradores de oro, la mayoría de las veces de manera oculta. Sus compras en los últimos años como protección ante posibles sanciones de Estados Unidos o como refuerzo de su economía se ha convertido en uno de los aspectos fundamentales que han provocado un aumento del interés y de la necesidad de tener oro físico a disposición. Este último punto, que es importantísimo, lo trataremos más adelante.

En la tabla 6.1 podemos encontrar el último dato acumulado de tenencia de oro por países. Pero, debido a la can-

6. A la vez que reducen sus posiciones en bonos del Tesoro estadounidense, en dólares.

tidad de oro que explota China, el mercado especula con que hay una parte del oro chino que no está contabilizado y que llevaría a China a tener mucha más cantidad acumulada, aunque no declarada.

Tabla 6.1. Tenencia de oro por países

País	Último	Anterior	Referencia	Unidad
Estados Unidos	8133	8133	2023-09	Toneladas
Alemania	3353	3353	2023-09	Toneladas
Italia	2452	2452	2023-09	Toneladas
Francia	2437	2437	2023-09	Toneladas
Rusia	2333	2330	2023-09	Toneladas
China	2192	2113	2023-09	Toneladas
Suiza	1040	1040	2023-09	Toneladas
Japón	846	846	2023-09	Toneladas
India	807	797	2023-09	Toneladas
Países Bajos	612	612	2023-09	Toneladas
Zona euro	507	507	2023-09	Toneladas
Turquía	440	572	2023-06	Toneladas
Taiwán	424	424	2023-09	Toneladas
Uzbekistán	384	377	2023-09	Toneladas
Portugal	383	383	2023-09	Toneladas
Polonia	334	277	2023-09	Toneladas
Arabia Saudita	323	323	2023-09	Toneladas
Reino Unido	310	310	2023-09	Toneladas
Kazajstán	309	314	2023-09	Toneladas

Fuente: Trading Economics.

Vamos a hacer un trabajo de exploración real de lo que China ha extraído e importado para poder estimar los datos de manera más realista. Hay un dato muy importante, y es que, en 2007, China superaba a Sudáfrica como primer productor del mundo de oro; y desde entonces no ha habido ni un año en que no lo haya seguido siendo. De todo lo que se extrae al año, la parte del pastel de China (su producción) representa alrededor del 15 por ciento. Haciendo el cálculo desde el año 2000, China habría extraído 6.830 toneladas de oro. Pero la cifra oficial de reservas es poco más de 2.100. En el caso de que todo lo producido por China lo llevara a reservas, eso supondría que su tenencia sería superior a la de Estados Unidos.

Pero, además de ser el mayor productor, China es el mayor importador, sobre todo a través de Suiza y Dubái. ¿Por qué estos dos países? Porque las compras en ellos no se declaran. De tal manera que compra una cantidad sin especificar. Esto nos da una idea del grado de transparencia que quiere aplicar China en los datos que ofrece. Pero sí hay una manera de descifrar esa cifra de manera aproximada. ¿Cuánto oro ha entrado en Hong Kong en las últimas dos décadas? Unas 6.700 toneladas métricas. Este simple análisis nos hace pensar que China tiene una gran cantidad de oro sin declarar que le permitiría protegerse, como decía Kiyosaki, de una crisis de las monedas fiat y la dejaría en una posición de privilegio ante una posible vuelta al sistema de Bretton Woods.

Y no sólo eso... Si en un futuro Estados Unidos quisiera sacar del sistema a China, como ha hecho con Rusia en la guerra de Ucrania, lo que China ha aprendido es que necesita oro para que esa salida del sistema no tenga efectos sobre su desarrollo y sobre su economía. Por lo que grandes cantidades de oro, conocidas o no, serán fundamentales para poder sortear el posible evento en su economía.

Visto este punto, que parece fundamental, sobre los bancos centrales y los países, con China a la cabeza, aumentando en gran medida sus tenencias de oro, el otro elemento clave en este entorno lo constituyen las materias primas y la posibilidad de estar viviendo un gran momento de crecimiento a largo plazo. En el gráfico 6.2 se observa que el momento actual nos llevaría a vivir un desarrollo prácticamente calcado a lo que se ha vivido en tres ocasiones con anterioridad, desarrollos que fueron la antesala de grandes crecimientos de las materias primas (en sentido amplio, las llamadas *commodities*). El mercado juega con la opción de que hayamos vivido una parte baja del mercado y ahora se esté configurando, en el inicio de 2024, un gran fenómeno que coloque a las materias primas y, en particular, al oro en un entorno de tremendo poder alcista.

Gráfico 6.2. Ratio de *commodities* frente a Renta Variable

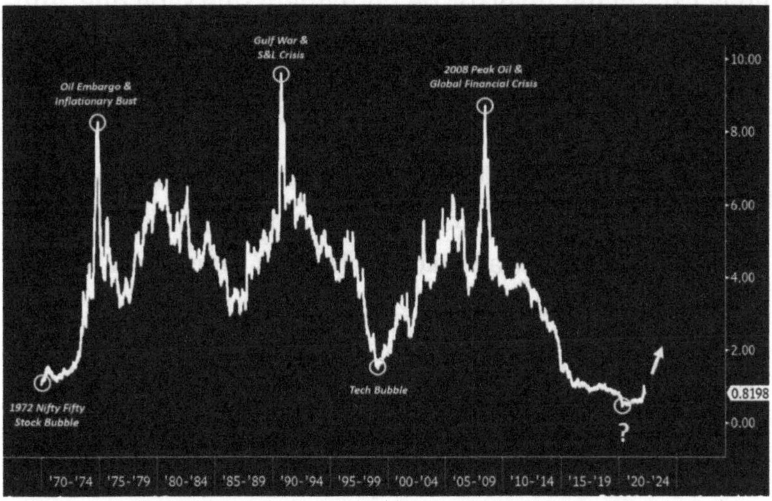

Fuente: Incrementum AG (vía Crescat Capital LLC, 2022).

Como ves también en el gráfico 6.2, las materias primas tienen un comportamiento muy cíclico, vinculado a los ciclos económicos y a su desarrollo. De esta manera, y como ya vimos en el capítulo anterior, las materias primas confirman una evolución que puede hacer de GPS para el conjunto de la economía, y que nos estaría anticipando momentos clave para el mercado. En este caso, lo que hemos visto es que el oro juega un papel clave ante la duda de si se producirá una crisis de deuda y los problemas que ello puede acarrear a la economía mundial.

Una parte de los inversores cree que el oro siempre actuará como refugio en el peor escenario, y es cierto que siempre ha desempeñado ese papel. De tal manera que no parece que les falte razón, y de ahí que veamos que su precio y su evolución histórica estaría indicando un empeoramiento de las condiciones, hasta que la situación sea insostenible y el oro sea el recurso final con el que salvarlo todo. Eso está en la cabeza del inversor de tal manera que sabe que, aunque juegue en el partido que le plantee el sistema, algo no le cuadra en la fotografía que le están enseñando sobre la economía.

Si al final se cumplen los peores presagios y las monedas digitales ahondan en el camino de un problema serio sobre el valor de la moneda y hacen que haya un control alto sobre los movimientos de dinero de los ciudadanos y los gastos que realizan, oro y bitcoin se convertirán en el refugio clave para la mayoría de las personas. Pero, mucho cuidado, porque, si es así y el valor del oro y del bitcoin se dispara tanto que resulta inaccesible para el ciudadano medio, se convertirán en un valor sólo para ricos. Serán el mejor refugio, pero sólo para unos pocos, aquellos pocos que hayan sido previsores y que puedan de verdad hacer frente a un oro y un bitcoin a precios desorbitados. ¿A qué precios? Imposible saberlo. Pero entre la escasez tanto de oro como bitcoin y el valor refugio de ambas inversiones, tener oro, puede ser, en un escenario apocalíptico, un valor cercano a infinito.

A ello se debe la llamada de atención de Kiyosaki que veíamos antes y que, aunque parezca exagerada, nos está poniendo ante ese escenario apocalíptico en el que hay pocas opciones para un ciudadano de ser libre en el gasto. Piensa una cosa. Si la moneda está totalmente intervenida a través de las monedas digitales de los bancos centrales CBDC y de los DNI digitales, y si tu dinero tiene fecha de caducidad o está totalmente controlado de tal manera que los gobiernos pueden impedirte, por ejemplo, comprar carne porque ya has hecho un uso de tus fondos que consideran suficiente durante el mes, en ese caso, el oro y el bitcoin tienen todo un camino por delante para convertirse en la última alternativa.

El mensaje no puede ser más apocalíptico, pero, a la vez, hay que considerar con realismo los problemas que puede haber para poder reaccionar hasta en la situación más extrema. Y, por cierto, si piensas que es apocalíptico el tema de las CBDC (las monedas digitales de los bancos centrales, o los Estados), cuidado con lo que puede venir, que puede superar hasta las previsiones más apocalípticas.

Si todo ese mundo que parece que está por llegar viene con ese enfoque, entonces, el oro está infravalorado, y la plata también, y el bitcoin está a un precio ínfimo para lo que veremos. Pero aún quedan años para terminar de ver cómo se configura todo un sistema de control por parte de los bancos centrales y de los gobiernos, un sistema que buscan cumplir con un modelo de control que permita, entre otras cosas, tener atada la inflación con base en una moneda digital que pueda eliminar dinero del sistema de manera muy rápida, y sin que puedas hacer nada para evitarlo.

Pero hemos dicho antes que los países, con China a la cabeza, pero también Estados Unidos, están a su vez intentando tener una parte importante de oro en reservas. Si eso es así, y si esos países van a crear monedas digitales, ellos tendrían los dos elementos clave en sus manos: el de control y el de inversión. ¿Por qué pasa esto? Una de las claves fundamentales puede estar en que precisamente los Estados más poderosos quieran poder implementar las monedas digitales sobre la escasez del oro y el ataque al bitcoin y otras monedas digitales descentralizadas para poder implementar bien el sistema que están buscando.

Por otro lado, hay países, como China, que, en última instancia, pueden tener dudas sobre la implementación del sistema y, por tanto, pueden querer cubrirse con el oro para poder jugar la partida de una vuelta a Bretton Woods si el papel moneda y su sistema salta por los aires o entramos en un mundo plagado de sanciones económicas y comerciales desde Estados Unidos, ya que, en ese caso, el oro sería el elemento clave para poder saltarse las sanciones o para poder seguir en un modelo de compras entre bloques y no sólo dentro de tu bloque geopolítico.

Piensa que, si viene un sistema de sanciones, China querría seguir estando en el comercio internacional, y no sólo en el del bloque al que pertenezca. Pero, si cada bloque está en un sistema de pagos propio, esas transacciones no se podrán realizar, y entonces tendríamos un problema de abastecimiento sin precedentes, y podríamos encontrarnos con que hubiera productos cuya fabricación se inicia pero no se termina.

En resumen, el oro es el pegamento para todo ese sistema tan complicado que se podría crear. Porque es el elemento clave para poder hacer las transacciones como una herramienta de pago que aceptaran todos los sistemas. Pero el oro no es la piedra filosofal que todo lo cambia. Ya se evidenció en el mundo resultante de los Acuerdos de Bretton Woods que el patrón oro tiene inconvenientes y que es fácil atacar la moneda que está vinculada al oro hasta tumbarla. Pero lo más evidente, fuera del espacio monetario y del asunto de la política cambiaria, es que el oro va a jugar un papel clave para todo aquel que pueda posicionarse a tiempo, por precio, en el futuro más cercano. Si el sistema está tan dañado como parece, entonces, el oro y el bitcoin serán claves para el ciudadano común. Y, en ese escenario, el oro será el rey.

7

La crisis de deuda y el peligro de un nuevo crac como el de 1929

El principal peligro al que se enfrenta el mundo en los próximos años es de deuda. Aunque la geopolítica nos ha llevado a una situación de guerras y de guerra fría como la de otras épocas pasadas, lo que no es comparable con el pasado es la deuda del mundo en el que vivimos. Es el elemento clave sobre el que giran todos los problemas. Una deuda galopante en Estados Unidos, en Europa, en China..., en casi todo el mundo, en todo el mundo desarrollado, en todo el mundo que crece. Y no sólo es deuda pública, sino también privada.

Las últimas décadas, crisis incluidas, nos han mostrado que el mundo podía crecer casi de manera ilimitada. Pero lo que no nos habían contado es que existía una gasolina que permitía ese crecimiento y que daba fuerza a Occidente para seguir con un modelo de crecimiento que, a la postre, se ha descubierto que era irreal. Un modelo que se basa en una emisión continua de deuda para pagar todos los caprichos de la sociedad actual y que tendrán que pagar las generaciones futuras. Nunca se ha visto un proceso de sobrecalentamiento de la economía como el actual, a excepción de en fase previa al crac de 1929, que dio lugar a la Gran Depresión posterior.

Los políticos han descubierto que, frente a la ortodoxia y al crecimiento sostenible, podía haber una máquina perfecta de emisión de dólares u otras monedas que le permitan satisfacer todas las necesidades de sus votantes, anclarse en el poder y dejar para las generaciones futuras un problemón de tamaño cósmico que difícilmente les permitirá a los jóvenes poder heredar un mundo, al menos como en el que vivieron sus padres. En las últimas décadas, los diferentes gobiernos han llevado hasta el extremo el abuso en la emisión de deuda. Para ellos, cualquier problema que aparezca tiene una fácil solución: gastar más emitiendo más deuda; o gastar más subiendo impuestos a los «ricos» que, a su vez, sacan su dinero fuera, porque el dinero no tiene fronteras, con lo cual se deja al resto de la población el problema causado por el gobernante de turno.

Hasta tal punto la deuda es insostenible que empieza a significar un porcentaje cada vez mayor en los gastos corrientes de los presupuestos, un gasto que, en ocasiones, ya se les ha ido de las manos a los responsables. Tal gasto pone en riesgo la sostenibilidad del sistema en Occidente y en China, así como el proyecto de vida que muchos jóvenes pueden tener para su futuro. La deuda es la gran enfermedad que padece la economía en estos momentos, y su estallido sería el colofón de una época de locura cuyas consecuencias son todavía imprevisibles en un entorno como el actual.

Es como si estuviéramos en una época en que vivimos peligrosamente, pero sin conocer que la estamos viviendo, y teniendo la sensación de que es algo que está fuera del control de las manos de los gobernantes. La situación actual es de tremenda tensión acerca de cómo las distintas economías van a poder sobrellevar la situación de la deuda en un formato desbocado, como el que estamos viendo en las últimas décadas, tras el estallido de la crisis bancaria.

Los gobiernos entendieron que algo se había roto entonces y que sólo había un pegamento que pudiera arreglar la situación, un pegamento que pudiera tapar las grietas abiertas por una economía mundial que tenía grandes problemas de crecimiento y que generaba burbujas desde el inicio del siglo XXI, si no antes. Ha habido crisis puntocom, crisis financiera, crisis inmobiliaria y crisis de deuda. A esta última no se la podía dejar crecer, porque hacía caer todo el sistema y a todos los dirigentes que estuviera apoyando ese movimiento de aumento de deuda. Con posterioridad se ha intentado limpiar la imagen de esos dirigentes y de los contrarios apuntando que no se podía vivir en un entorno de «austericidio». Que no se podía estar viviendo con la austeridad como elemento fundamental en momentos de crisis, sino con el gasto necesario, todo el que fuera necesario para poder sobrellevar la crisis sin afección para el ciudadano. Todo servía para que no hubiera problemas por parte de la clase dirigente. Y la clave estaba en la emisión de deuda.

Cuando España se acercó al abismo de una explosión de su deuda al inicio de la década del 2010, los bancos, el Banco Central Europeo y el conjunto del sistema se dieron cuenta de que estábamos frente al mayor problema que podíamos afrontar: la deuda, una deuda que nadie quería. Y ello ocurría con los mercados completamente secos, sin nadie que quisiera hacerse cargo de la compra de unas emisiones que no tenían suficiente interés para el inversor en un entorno como el que estábamos viviendo.

Todo ello conformó una enorme señal de lo que los países podían afrontar en el medio plazo: una crisis de deuda si no contenían sus gastos, si no contenían sus planes para ampliar los gastos. Vinieron unos años duros. De ajuste, de recortes... Pero enseguida se dieron cuenta de que ese camino tenía los días contados. Y llegó el mensaje de que no se podía salir de la crisis mediante la austeridad —algo así como que, si tienes problemas económicos en tu familia y no llegas a final de mes, lo mejor es endeudarte para poder seguir viviendo al mismo ritmo—. No se podía ir a unas elecciones diciendo que se iba a recortar, a ajustar, a no gastar... La enorme fuerza del mensaje de sacrificarse en una sociedad que no está preparada para ello llevó a que los diferentes gobiernos y aspirantes abandonaran todo tipo de responsabilidad y abrazaran el poder del gasto, el poder de la emisión de deuda, el poder de dar una solución a una población que salía de una crisis inesperada, que había visto cómo todo se había ido al suelo de repente y cómo lo peor que podía pasar entonces era tener gobiernos en quiebra.

Y los dirigentes lo entendieron. Tenían la oportunidad de que sus ciudadanos se tiraran en sus brazos y reclamaran el sueño de todo gobernante: su ayuda y darles todo el poder para resolver la situación como fuera y con todos los medios que estuvieran a su alcance. Y ello significaba darle la opción de más gastos, de más dinero para gastar.

De ahí que Occidente entrara de lleno en el gasto a toda costa. Y China, que no tenía que entrar en ello, vio que Occidente podía frenar su crecimiento y poner patas arriba su plan, el plan del gigante asiático. Porque China vio rápidamente que Occidente podría crecer más que ellos gracias al incremento de la deuda, y con la opción de insuflar un poder extra a sus economías que permitirían a Estados Unidos y Europa lanzarse a competir en crecimientos del 3 por ciento o más.

Y, entonces, China entró en el juego y se puso también a intervenir su economía hasta donde ni ellos mismos habían imaginado. Crecer y crecer y crecer..., con deuda y más deuda. En el gráfico 7.1 se puede ver cómo, en este sentido, China ha metido toda la carne en el asador desde 2008.

Gráfico 7.1. Deuda de China sobre PIB

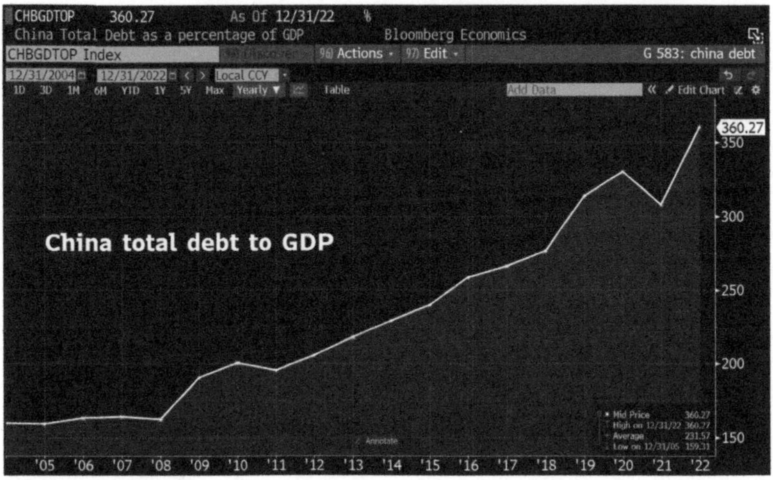

Fuente: Bloomberg.

Y lo ha hecho tanto para defender su economía como para proteger su crecimiento comparado; tanto en tiempos del coronavirus como en tiempos de protección de deuda a través de emisiones. El crecimiento de la deuda en China es uno de los aspectos más ocultos frente al de la deuda de Estados Unidos o de Europa. Además, China es un comprador absoluto de deuda de Estados Unidos y también de otros países.

Desde la crisis inmobiliaria y financiera de 2008, China adoptó el modelo de toda Europa basado en el gasto y el incremento de la deuda, todo con tal de hacer crecer más su economía.

Y, claro, no estaba sola. Estados Unidos, con el apoyo de China en las compras, también disparó su deuda a niveles no vistos.

En el gráfico 7.2 se puede ver que quizá la inclinación de la curva de deuda de Estados Unidos no es tan grande como la de China, pero que la continuidad es enorme en cuanto al aumento del gasto, un aumento sin precedentes. Los analistas apuntan a que la entrada constante de dólares evita que haya más problemas para la economía estadounidense, pero que un movimiento al alza y una ausencia futura de compradores podría poner en un aprieto al país.

Estados Unidos fue el primero en ver que tenía una palanca de crecimiento envidiable a través del dólar. Y, si Estados Unidos no hubiera aplicado esa palanca desde el primer minuto, quizá China ya sería primera potencia del mundo. Pero Estados Unidos entendió que era la mejor manera de encontrar el crecimiento a corto plazo con esas inyecciones de deuda que permitían seguir con el mismo nivel de crecimiento, o incluso aún mayor. Europa lo aplicó por necesidad; Estados Unidos, por vicio. Europa lo puso en marcha porque si no habría caído en una crisis sin precedentes; pero Estados Unidos vio que cada vez que activaba esa palanca le daba un placer económico sin precedentes. Y no supo ver que el coste de la deuda no sólo se le estaba disparando, sino que estaba camino de ser el mayor peligro para la economía estadounidense.

Gráfico 7.2. Deuda de EE. UU. sobre PIB

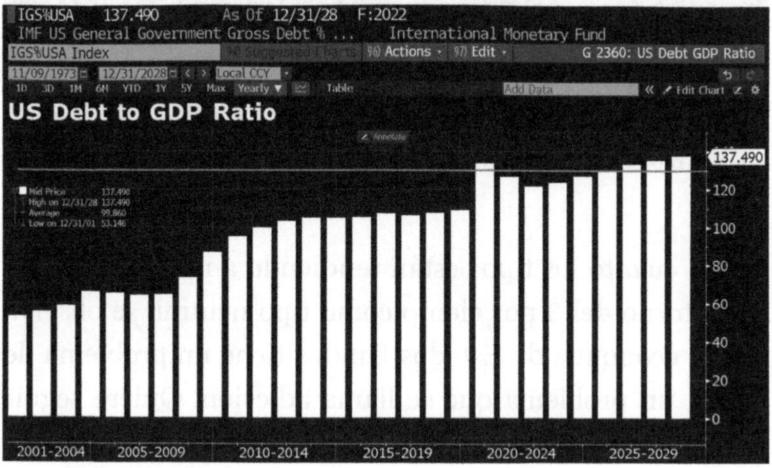

Fuente: Bloomberg.

El gráfico 7.3 muestra cómo el crecimiento es vertiginoso en los últimos años, tras la pandemia por la COVID-19 y a pesar de que los tipos de interés están en tasas ridículas.

Gráfico 7.3. Coste de la deuda de Estados Unidos

Fuente: Bloomberg.

En cuanto los tipos están tendiendo a normalizarse en un entorno del 3 por ciento como tipo neutral, se observa que la economía de Estados Unidos tiene un problema de fondo, un problema que se llama adicción. Quiere seguir creciendo al precio que sea, aunque vea que es evidente que el precio van a tenerlo que pagar las generaciones futuras, pero no tan futuras, porque el crecimiento de la deuda a los niveles que está aumentando llevará a que en 2030 ya no quede mucho más para afrontar el problema de diferentes maneras... Bueno, más bien de las dos maneras posibles: o bien la reducción de la deuda aplicando una austeridad total a la economía y, por tanto, a los ciudadanos; o bien intentar una quita de la deuda de manera global para reducir esos índices de deuda de todos a cambio de una serie de beneficios más intangibles para los países o las empresas prestatarias.

Todavía no hemos llegado a ese punto, pero está claro que, antes o después, si la deuda termina por llegar a niveles de explosión, tendrá que plantearse una manera de reducirla de manera abrupta. Y aquí vuelven a aparecer las monedas digitales como uno de los elementos clave para poder hacer esa reducción. La creación de las CBDC nos dejaría ante la tesitura de poder crear varios «escalones» dentro de la moneda. Por ejemplo, dinero que tiene fecha de caducidad, pero también dinero con plazos fijos de vencimiento que hacen que salga del sistema o incluso perpetuidad de deuda. Es decir, las CBDC vendrían a cambiar la manera en la que conocemos el dinero y la relación del ciudadano con el consumo. Si tu deuda puede eliminarse de un día para otro siempre que hagas una serie de ingresos con una determinada CBDC o simplemente porque aceptas los términos para el uso de las CBDC, imagina el cambio brutal de configuración de deuda a nivel mundial. Tanto de Estados como de ciudadanos.

Los Estados y los bancos centrales saben muy bien que estos elementos cambiarían la deuda global y podrían asemejarse a una especie de quita colateral, sin que haga falta hacer una gran cumbre mundial y pactar allí que se va a reducir la deuda de manera inequívoca. Hay caminos paralelos en los que el porcentaje de deuda se reduciría de manera inmediata con la entrada de las monedas digitales. De ahí el gran interés de los bancos centrales y de los gobiernos para implementarlas de manera inmediata.

Precisamente, los grandes protagonistas de la deuda son los bancos centrales, los colaboradores necesarios para la creación de la gigantesca deuda que tenemos ahora mismo. Los bancos centrales intentan demostrar una independencia que no tienen; son políticos llevados desde los gobiernos al gobierno del dinero para que hagan exactamente aquello que los gobernantes necesiten. Habría sido muy diferente la gestión de un banco central desde la independencia. Así como se habla de la importancia de la independencia de la justicia, hay que mirar también cómo la independencia de los jueces es fundamental para poder hacer una política monetaria en defensa de los intereses de los ciudadanos y no de las élites gobernantes en su esfuerzo por contar con una máquina poderosa que les permita cumplir con todos los deseos de los votantes.

Gráfico 7.4. Balance del BCE

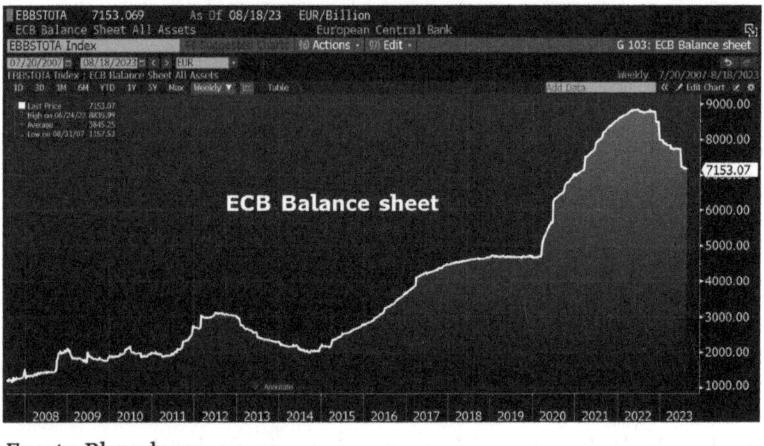

Fuente: Bloomberg.

Al final, los bancos centrales son la lámpara mágica de los gobernantes de turno. Deseo tras deseo, hemos visto cómo la «panza de deuda» que creaban asusta ahora a todos los inversores. El gráfico 7.4 muestra el nivel de deuda del Banco Central Europeo (BCE) y el riesgo que empieza a significar para el conjunto de la economía europea cuando recortan esas tenencias en los balances, así como el impacto que ello significa para el conjunto del sistema.

La reducción de balance que se está haciendo ahora en el conjunto de los bancos centrales está significando un adelgazamiento salvaje para intentar reducir la inflación, pero eso está creando un caldo de cultivo deflacionario cuyas consecuencias pueden ser todavía más peligrosas que el crecimiento de la inflación vivido desde antes del inicio de la guerra de Ucrania. En economía, dar esos bandazos entraña un problema fundamental, y es que desestabiliza los fundamentos económicos de la economía del día a día de los ciudadanos. El agresivo entorno inflacionario existente por culpa de los gobiernos y los bancos centrales, al poner el dinero gratis durante una década, ha provocado un desorden cuya acción secundaria puede ser la creación de un entorno completamente deflacionario al intentar hundir una economía con una demanda interna debilitada, en un contexto demográfico de cambio profundo (como no se había visto en siglos) y con la sensación de que el mundo se encamina a un estancamiento económico sin precedentes.

Dar un bandazo de un lado a otro de los precios, desde la inflación a la deflación, puede sumir al conjunto del mundo en una depresión sin precedentes, que, además, generaría un empobrecimiento acelerado de las clases medias y bajas que dejaría a la economía y a las empresas con una fuerte reducción de los beneficios. Y todo por el objetivo de lanzar la inflación hacia arriba y sin control cuando se podía, a finales de 2021, para así poder reducir el porcentaje de deuda sobre el producto interior bruto. Los gobiernos actuaron de manera muy irresponsable a la hora de intentar aprovechar esa situación de la inflación y la deuda, la cual tenía un claro perdedor, que no es otro que el ciudadano de a pie. Pero se piensa que no había otra opción para generar un freno inmediato que la de trasladar al ciudadano el problema de los gastos desorbitados de los gobernantes y de la política errónea de los bancos centrales.

Gráfico 7.5. Inflación agregada desde enero de 2020 en Estados Unidos

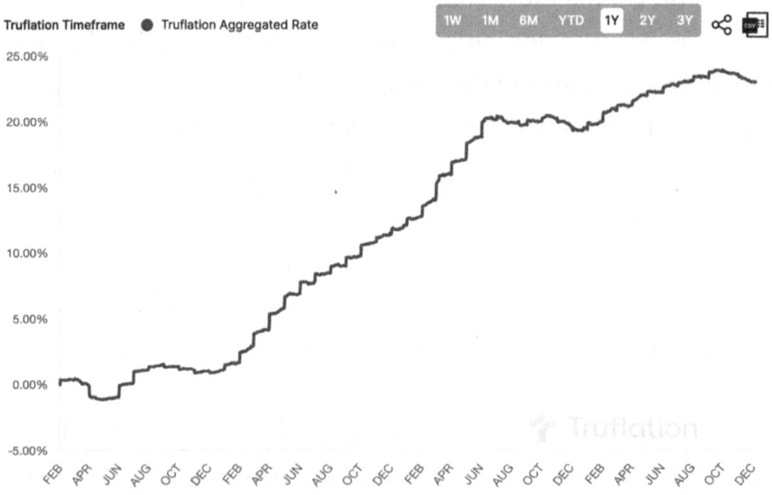

Fuente: Truflation.

El gráfico 7.5, de Truflation, que mide la inflación de manera diaria, nos muestra lo que el proceso inflacionario ha quitado de poder adquisitivo al ciudadano medio estadounidense entre febrero de 2020 y diciembre de 2023: prácticamente, un 23 por ciento; y en Europa la cifra es mayor, más cercana al 30 por ciento.

Ese entorno inflacionario es el que ha conseguido hacer la magia para los gobernantes. Les ha quitado de la mochila de la deuda un porcentaje mejor, pero muy cercano al de la deuda sobre el PIB, algo que ha aliviado la carga y que ha permitido, por ejemplo, en España, seguir gastando y gastando, porque, mientras hubiera inflación, ese indicador de porcentaje sobre el PIB descendía en lugar de subir.

La deuda es como un caballo de Troya que ahora mismo está llevando a gran parte de la banca patrimonial a tenerlo como un elemento a vigilar por si estallara y provocara el caos en los mercados financieros y en la economía en general, lo cual crearía una caída más parecida a la del crac de 1929 que a la de la crisis financiera de 2008. El problema que atenaza a los gobiernos sobre la posible crisis de deuda es la posibilidad de que, de una mañana a otra, no valga nada el dinero que el ciudadano tiene en sus manos y que, por tanto, se genere un pánico de dimensiones gigantescas. Si eso sucede, entonces, los gobiernos verán que se ha vivido sobre un engaño tremendo las últimas décadas, los últimos cincuenta años incluso, y que ellos han creado una situación irresoluble sin necesidad de una crisis salvaje. Saben bien que, si no hay límite de emisión, el dinero que emiten no tiene valor. Y, por tanto, para la gestión de esa crisis, las monedas digitales serían fundamentales.

Sin ellas, los ciudadanos podrían asumir quedarse fuera del sistema y dejar a los gobiernos en bancarrota sin ciudadanos que pagarlo. Con los inversores y los ciudadanos en manos de Bitcoin y del oro, nada podrían hacer las clases gobernantes para evitar una crisis social y, sobre todo, política sin precedentes.

Los llevaría hacer un cambio de manera acelerada en el sistema de pensiones que pondría a una parte de la población que es dependiente del papel moneda al borde de la pobreza o en la pobreza misma, y dejaría a los Estados como una especie de instituciones de beneficencia para una gran parte de la población, que debería acudir a ellos tras haberlo perdido todo. Pero, claro, en este escenario, los ciudadanos abrirían los ojos económicos frente al atropello que se ha producido en las últimas décadas por unas élites que han buscado precisamente el caos mediante el engaño y la dádiva de la «paguita» a una población que se ha creído la mentira intentando pensar que, de hecho, en algún sentido o momento, eso la está beneficiando.

Si eso ocurriera, Occidente entraría en un clima de caos social como no hemos conocido las generaciones presentes. No somos conscientes de las implicaciones que tendría para nuestro bienestar una crisis de deuda que pudiera poner en riesgo el pago de determinados servicios básicos, y de otros no tan básicos: desde las pensiones hasta el pago a los funcionarios. Se entraría en una situación de psicosis colectiva en el que el pago de los impuestos por parte de los ciudadanos se convertiría en algo fundamental para seguir con la marcha del Estado.

Fíjate en el gráfico 7.6 (publicado por *Financial Times*),

en el que se observa una previsión según la cual se espera que la deuda sobre el PIB de Estados Unidos, en 2024 y los años siguientes, pueda superar el cien por cien; y, a partir de ahí, el crecimiento salvaje de los pagos de deuda anuales podría provocar un gasto que va a menguar el destinado a partidas como la sanidad y la educación.

Gráfico 7.6. Ratio de deuda sobre PIB en Estados Unidos

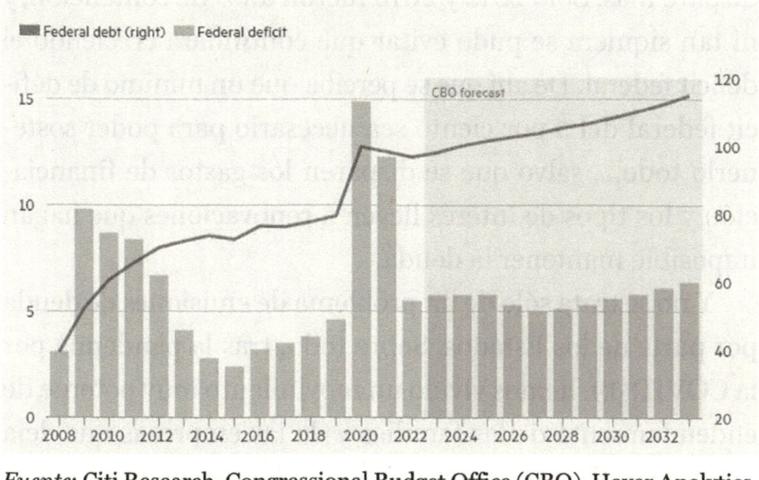

Fuente: Citi Research, Congressional Budget Office (CBO), Haver Analytics.

Hay que buscar una alternativa para poder atender a unos intereses que ya les tocará pagar a las nuevas generaciones y, a la vez, mantener los pagos del sistema de bienestar social como se tiene ahora mismo. Ésta es una situación no conocida antes, en la que los Estados tienen que asumir los primeros efectos de la deuda de manera agresiva y sin haber concienciado a los ciudadanos de que la fiesta hay que pagarla. El momento es histórico, en tanto en cuanto siempre se ha ido negando que todo ello fuera a tener efectos a medio plazo, mientras que ahora ya se tiene la visibilidad para saber que tendrán que cambiarse servicios por pago de deuda. Es decir, las nuevas generaciones van a empezar a ver que el gasto desproporcionado tiene unos efectos inmediatos sobre la vida corriente.

En el gráfico 7.6 se puede comprobar, además, que, cada vez más, el déficit federal de Estados Unidos no está controlado, o no hasta el punto de poder intentar evitar que se dispare más. Sólo 2015 y 2016 fueron años de contención, y ni tan siquiera se pudo evitar que continuara creciendo el déficit federal. De ahí que se perciba que un mínimo de déficit federal del 5 por ciento sea necesario para poder sostenerlo todo..., salvo que se disparen los gastos de financiación y los tipos de interés lleven a renovaciones que hagan imposible mantener la deuda.

Y no se trata sólo de un problema de emisiones de deuda por parte de los Estados. Sobre todo, tras la pandemia por la COVID-19, hemos vivido un movimiento muy potente de endeudamiento de las familias y de las empresas que deja una fotografía muy complicada para la marcha futura de la economía. Con una economía tan endeudada, los problemas empiezan a coger fuerza en una demanda interna que a cada movimiento de tipos de interés está viendo un problema para conseguir garantizar el crecimiento; pero, sin esas subidas de tipos de interés, puede verse también un movimiento inflacionario destacado por el aumento del crédito y de la cantidad de dinero disponible en los bolsillos de los ciudadanos.

Más deuda y emisiones y más préstamos a los consumidores y a las empresas es algo que lleva directamente a un aumento de la masa monetaria, lo cual conducirá, sin duda, a un evento inflacionario y, por tanto, conllevará la necesidad de una subida de tipos que encarecerá todavía más el crédito, lo cual, por ende, hará más difícil la devolución del principal y de los intereses. Es una espiral en la que los bancos centrales tienen un papel destacado para intentar evitar los procesos de endeudamiento, pero también para reducirlos cuando éstos se han disparado y hay que contenerlos y reducirlos.

Gráfico 7.7. Deuda pública y privada mundial (1950-2022), y su desviación como consecuencia de la pandemia por la COVID-19

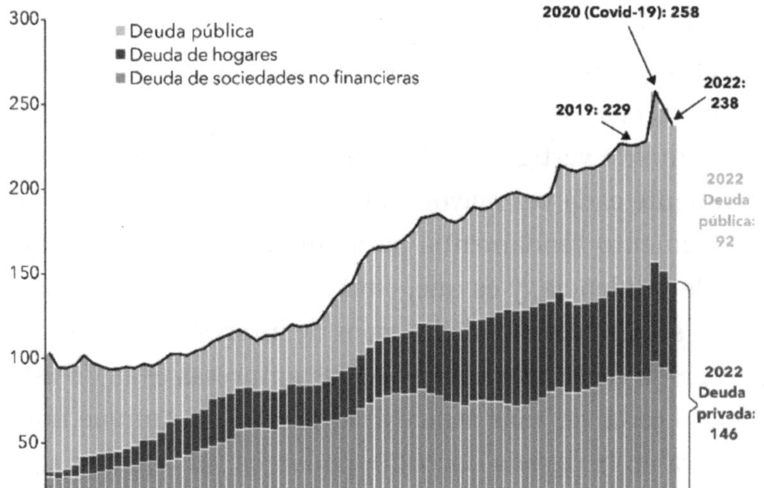

Nota: las relaciones deuda/PIB estimadas se ponderan por el PIB de cada país en dólares de Estados Unidos.
Fuente: Fondo Monetario Internacional (FMI), base de datos sobre la deuda mundial (2023) y cálculos del personal técnico del FMI.

En el gráfico 7.7 (elaborado por el FMI) se puede observar cómo el incremento de la deuda ha sido una constante sin freno y cómo ahora podemos interpretar que el camino de reducción de deuda pública vivido en la parte final tiene un componente puramente inflacionario; porque la inflación reduce la deuda sobre el PIB, pero es sólo un elemento ilusorio, pues, en cuanto la inflación vuelve a marcharse, la deuda volverá a crecer en términos porcentuales en esa relación. Pero la relación nominal sigue aumentando, y los intereses también, sobre todo ahora que tenemos la perspectiva de que en la próxima década viviremos en entornos del 2-3 por ciento y, por tanto, el pago de los intereses para los gobiernos y para las familias y las empresas también crecerá de manera importante. (Véase también el gráfico 7.8.)

Hay que fijarse en el gráfico 7.7, donde se observa cómo, en 1982, cuando se apaga la crisis de deuda mexicana, hay un aumento vertiginoso de la deuda que lleva a tener una pendiente cada vez mayor en las siguientes décadas. Y hay un elemento fundamental para entender también el cambio de tendencia, y es que, conforme avanza la década de 1980, se van reduciendo los tipos de interés, y, por tanto, la sensación del consumidor y de las empresas es la de estar viendo cada vez más atractivo el préstamo. Aunque nosotros, ya en la década de 2020, podemos ver aquellos tipos altísimos, la realidad es que en la época se veía un movimiento de reducción muy agresivo, y, en ese entorno, acercarse a la compra de bienes duraderos, a la hipoteca o a la compra de un vehículo se hacía de una manera más sencilla. Es por ello que un gran período de inflación conlleva posteriormente un gran período de expansión del crédito, por la sensación que tiene el consumidor de que todo se está poniendo más barato para poder hacer las adquisiciones que pensaba que eran impensables en el tiempo anterior.

Gráfico 7.8. Incremento de la deuda pública y privada en el mundo y en países seleccionados, en porcentaje del PIB (1995-2022)

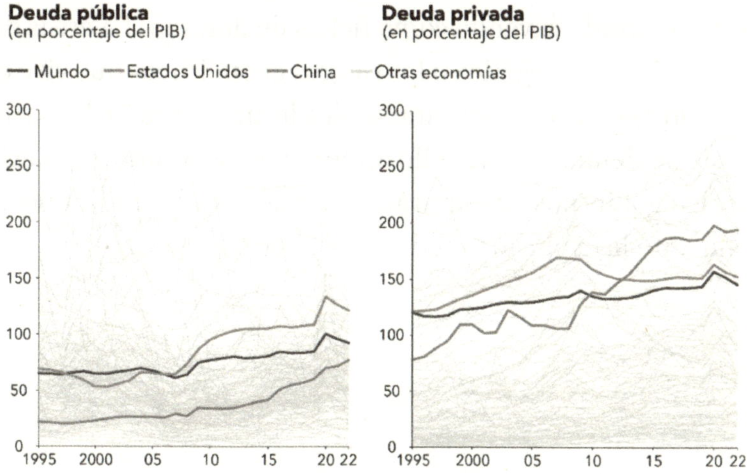

Notas: la relación deuda/PIB estimada para cada grupo se pondera por el PIB de cada país en dólares de Estados Unidos; el panel de deuda pública incluye 181 países adicionales, mientras que el deuda privada incorpora otros 151 países, representados por las líneas del fondo; las cifras de deuda pública de China abarcan un perímetro del gobierno general más recortado que las estimaciones del personal técnico del FMI en los informes sobre las consultas del artículo IV de China (véase en el informe del personal técnico del FMI sobre los países n.º 23/67 una conciliación de las dos estimaciones); la deuda del sector privado de China incluye 1/3 de deuda de vehículos de financiamiento de los gobiernos locales, así como la deuda de otros fondos públicos extrapresupuestarios.
Fuente: Fondo Monetario Internacional (FMI), base de datos sobre la deuda mundial (2023) y cálculos del personal técnico del FMI.

De ahí que los bancos centrales tengan ahora mismo la mirada puesta en que un entorno de tipos altos tiene como momento posterior un repunte de la demanda interna y, por tanto, de una expansión del crédito a los ciudadanos y a las empresas a la hora de afrontar nuevos proyectos.

La deuda será el gran caballo de batalla para los gobiernos en los próximos años. Si la deuda explota por un evento que venga de la banca o por otro evento externo, entonces tendremos que afrontar un proceso de impagos que no serán precisamente selectivos, sino que se extenderán por todo el mundo cayendo como fichas de dominó. La crisis de la transición energética o los riesgos geopolíticos que vive el mundo tienen que afrontarse desde una mirada hacia la crisis de deuda. Si todo ello apunta a un estallido de la crisis, los gobiernos se pondrán a defender cada uno su posición ante la explosión crediticia.

8

La transición energética global y la transformación de los negocios

Son las 8.00 horas de la mañana, y gran parte de España va a iniciar el día laboralmente. Acuden todos en masa a sus garajes a desconectar sus coches y a disponerse a acudir a unas calles que están perfectamente electrificadas para conseguir que no pierdas prácticamente energía durante el día y puedas seguir teniendo la carga al máximo el mayor tiempo posible. Sólo salirse de las carreteras principales puede hacerte perder la carga de tu vehículo. Pero, para ello, tienes autonomía suficiente como para poder estar en los «entornos sin carga» y volver a conectarte a la civilización.

Te imaginas, sólo en este aspecto, la cantidad de energía que necesitas para poder mantener todo conectado y que no haya cortes y se pare la civilización. Cuánta energía necesitamos para que el «circuito eléctrico» que necesitamos crear esté perfectamente engrasado. Es cierto que el coche eléctrico no contamina. Pero ¿cuánto contamina el sistema al que queremos ir? A esa misma hora, todo un sistema de inteligencia artificial y de economía conectada necesita de una gran cantidad de energía para poder hacer grandes procesos en tan poco tiempo que, casi en un pestañeo, tienes tanta producción como no había soñado la humanidad tener en un año.

Por no hablar de la energía que precisa la carrera espacial, la necesidad de generar una energía que permita no consumir en los vuelos tantísima cantidad que haga inviable hacer viajes a la Luna o a otros planetas. En el futuro, el salto energético será necesario para asaltar la frontera espacial y conseguir grandes avances y un nuevo modelo de turismo por el Sistema Solar. Pero ¿cómo alcanzar la sostenibilidad del sistema mientras intentamos alcanzar nuevas metas energéticas, cuando sólo una de ellas ya genera más necesidad de energía que todo lo que ahora podemos dar?

Ante las grandes amenazas que circulan por el mundo y ese estadio de crisis permanente (o permacrisis) en el que, según nos dicen los analistas, vamos a vivir en las próximas décadas, tenemos que afrontar que los negocios van a vivir una transformación radical, desde la inteligencia artificial hasta el teletrabajo, pasando por la demografía. Los negocios, las empresas tienen que analizar cómo su entorno gira a su alrededor hacia un espacio no conocido aún, y en el que la capacidad de adaptación resulta fundamental para poder salir adelante en un futuro con tantas incógnitas.

La transición energética global es la piedra de toque para las compañías y para los negocios en general. Es un proceso de transición que llevará a que cambie la manera en que pueden desarrollarse la industria, los servicios y la economía en general. El salto energético tiene casi las mismas implicaciones que el salto cuántico sobre la inteligencia artificial; es más, ambas cosas están intrínsecamente relacionadas. Sin la viabilidad de un salto energético será casi imposible asumir el salto tecnológico. Pero ¿adónde nos lleva la transición energética? ¿Qué queremos conseguir con el cambio de la energía que estamos usando por la que queremos que se convierta en el eje sobre el que girará el desarrollo económico mundial? ¿Cuáles son los riesgos que afrontamos?

Están claros los objetivos de desarrollo sostenible que se han fijado para los años 2030 y 2050. Pero, también claramente, podemos ver que hay objetivos ocultos en todo lo que está sucediendo, aunque no podemos negar la huella del hombre en el planeta y que necesitamos un mundo más sostenible. Una cosa no anula a la otra. Hay una nueva religión, la climática, que lleva a que todo sea secundario, incluso el propio ser humano, ante la prioridad del planeta y de una supuesta posibilidad de que la supervivencia esté en peligro por el efecto del ser humano. Todo ello no puede invalidar que usan un objetivo necesario, que es el de conseguir que el impacto o la huella que estamos dejando sea más sostenible en este entorno. Tal objetivo incluye la posibilidad de que una parte de la energía usada sea de autoproducción y autoconsumo, y en ese escenario es evidente que también habrá una reducción del gasto por ciudadano y una necesidad menor de depender de la explotación de recursos naturales.

Pero detrás de todo ello hay cuestiones que sí preocupan, como el control social y la forma en que puede afectar a los ciudadanos y a las empresas. El primer aspecto a entender es quién es el responsable de lo que está sucediendo y quién tiene las soluciones al alcance de su mano, los gobiernos o los ciudadanos. Y todo apunta a que los gobiernos empiezan a darse cuenta de que va a ser prácticamente imposible hacer cumplir los objetivos, sobre todo tras el estallido de la guerra de Ucrania; y, asimismo, saben que sí hay quien pueda cumplir una serie de objetivos que ayuden a reducir los efectos de las emisiones, que no son otros que los ciudadanos y las empresas.

Aunque los gobiernos llevan años y años, incluso desde antes del Acuerdo de París, de 2016, intentando hacer una reducción macro de las emisiones, y no lo están consiguiendo porque no se ponen de acuerdo o porque las medidas no son las adecuadas; ven de reojo que tienen la opción de pasarle esa responsabilidad a cada uno de nosotros y conseguir así, de manera colateral, el avance en el control social. Aunque el problema debería seguir bajo la responsabilidad de China, Europa, Estados Unidos, India y tantos otros países, la discusión gira hacia las personas y las empresas.

Y ahí vuelven a jugar un papel fundamental dos elementos que son clave en el concepto de «nueva sociedad», de «nuevo orden mundial», que se quiere imponer: el DNI digital y las monedas digitales. Cuando las clases dirigentes enfoquen el problema hacia los ciudadanos y las empresas verán que tienen un problema a la hora de controlar las emisiones individuales (micros) y el comportamiento de las pequeñas y medianas compañías. Les falta un mecanismo de control y de coerción que les permita no ya sólo poner sanciones a quien incumpla el nuevo mantra, sino poder colateralmente controlar completamente cada movimiento que hagamos.

Y la excusa perfecta para establecer mecanismos de control será ver qué efecto tiene sobre el planeta, o afirmar que sí lo tiene, aunque eso sea algo que no podremos controlar ni contrastar las personas ni las empresas. Así, tendremos que fiarnos de las nuevas empresas *fact check* que aparecerán para indicarnos si realmente estamos siendo buenos ciudadanos al cumplir con los objetivos de reducción de emisiones en nuestro día a día.

El DNI digital unido a nuestros pagos va a permitir que todo esto sea posible. Se sabrá perfectamente todo lo que hacemos, cada movimiento que damos, qué cosas compramos, qué cosas deberíamos estar comprando..., y sólo faltaría el pegamento que lo una todo: concienciar a la población de que tiene que ser responsable y que tiene que obedecer a las élites, que son las que conocen de verdad los objetivos climáticos que hay que alcanzar.

Nos limitarán la compra de carne, porque es muy contaminante; nos limitarán la compra de frutas y verduras, bajo la excusa de que no hay tanto planeta para plantar..., y, mientras tanto, se llenará el mundo de placas solares y métodos para conseguir energía en los mismos campos de los que antes comíamos. Y todo ello tiene que estar perfectamente alineado para conseguir los objetivos climáticos y para que estos objetivos climáticos sirvan para implementar más mecanismos de control poblacional.

Como antes decía, hace ya tiempo que los países implementaron sus mecanismos de reducción de emisiones, pero no han tenido el éxito esperado. Y si miramos a lo que ha sucedido desde 2022, la imagen es todavía peor. Ellos no cumplen, pero hay que cumplir como sea. Aunque sea volviendo al gas natural o a la energía nuclear como fuentes limpias, cuando hace unos pocos años eran energías peligrosas para el clima.

Todo recaerá en el ciudadano. Pero éste no es el único elemento que pone en jaque a la economía actual, y que tampoco sabemos cómo cogerá forma en los próximos años y décadas. Y es que los efectos que no nos están diciendo sobre toda esta transición son múltiples y generan otra vez una serie de enormes amenazas económicas que van de la mano de la transición energética.

El primero de tales efectos se ve en el empleo. Se espera un gran desplazamiento del empleo, por ejemplo, en la industria de combustibles fósiles, que amenaza con apartar del mundo laboral a miles y miles de trabajadores que necesitarán ser reubicados en nuevos empleos que ahora mismo prácticamente ni existen. Pero éstos no serán los únicos, también afectará a los mineros del carbón, los trabajadores de la industria nuclear, los conductores de camiones de combustibles fósiles o los trabajadores de refinerías de petróleo. Todos ellos tienen ahora mismo la bota de la transición energética pisando sobre sus puestos de trabajo. Hasta qué punto es posible que ellos mismos se reincorporen a los nuevos puestos de trabajo que se crearán en el futuro en sectores emergentes, como la instalación y mantenimiento de tecnologías de energía renovable, el desarrollo de redes inteligentes, la eficiencia energética y la fabricación de componentes para energías limpias. Las dudas son altísimas a ese respecto.

El otro efecto fundamental está en las desigualdades sociales, por lo que tiene que ver tanto con en el ritmo de adopción de estas tecnologías como por el lugar o los lugares donde se establezcan los grandes centros energéticos de la nueva economía, todo lo cual creará nuevos desequilibrios. Dependiendo del ritmo al que cada sociedad vaya integrando esas tecnologías, puede producirse un avance social y económico que permita que la economía de esas regiones prospere, ya sea a base de subvenciones como a causa de una nueva economía que se centre en comprarles a ellos para el avance económico del conjunto. Todo ello traerá consigo que esas economías puedan repuntar, mientras otras regiones quedarán atrasadas y volverán a vivir algo así como una nueva industrialización, que tantas desigualdades creó hace varios siglos. Si aquel proceso se repite, esas nuevas áreas industrializadas tecnológicas podrán defenderse, pero lo harán para volver a generar un mundo desigual.

Otro de los efectos fundamentales se refiere al coste a corto plazo que todo ello tiene. Es el punto más polémico y que más buscan que quede escondido para evitar dar la sensación de que tenemos un problema en el camino hacia la transición energética. Hasta que la tecnología sea más eficiente, tendremos que hacer una transición difícil de explicar a la población. En este caso, se trataría de una inversión para las generaciones futuras. Así, al contrario de lo que veíamos con la deuda (que es una losa para las generaciones futuras), aquí lo que tenemos es una inversión complicada hoy, para la generación actual, a cambio de generar las mejores condiciones y perspectivas para las generaciones futuras.

Lo que ocurre es que la factura es enorme. Sólo en Europa, se espera que la transición energética pueda costar del orden de 1.000 millones de euros hasta 2030, que tienen que salir de la deuda, porque los países no son capaces de generar esos ingresos extra, sino todo lo contrario. Además, una parte de esos costes no es sólo para pagar la transición, sino para asumir los costes de unos negocios que tendrán que pagar más porque, en el momento inicial, la nueva tecnología es mucho más cara..., y eso durará hasta que ésta sea más eficiente.

Así pues, los gobiernos y las élites tendrán el trabajo extra de convencernos de que el billete de avión, la gasolina para el viaje y tantos otros gastos de nuestra vida tienen que ser más caros, pero que hay que hacerlo así por el bien del planeta. Pero tendrán que esforzarse en convencer a toda la población. En la tabla 8.1 (elaborada por Funcas a partir de varios datos) se apunta a cómo en distintos países de Europa se tiene una desafección muy elevada a pagar más por lo mismo.

Aun así, estos números han ido cambiando con el tiempo (los datos de la tabla 8.1 son de 2006). Y ahora tenemos una mirada menos dura con la opción de tener que pagar más por lo mismo. El trabajo de concienciación ha funcionado a la hora de ver cómo podemos afrontar la transición asumiendo una serie de costes mayores en el momento inicial para tener luego la posibilidad de recuperar los gastos iniciales gracias a una mayor eficiencia.

En la tabla 8.2 se observa en la primera respuesta que la disminución va desde el 56,2 por ciento de 2002 hasta el 38,4 por ciento en 2020, según los datos de Funcas. Cada vez hay más conciencia sobre que hay que hacer el primer paso a un coste más elevado para que tenga luego un ahorro posterior en forma de dividendo social y dividendo del gasto.

Tabla 8.1. Disposición a pagar más por electricidad de fuentes renovables en la UE-28 (2006). Pregunta: ¿estaría dispuesto/a a pagar más por la energía producida por una fuente renovable que por la energía producida por otras fuentes?; si la respuesta es «sí», ¿cuánto estaría dispuesto/a a pagar de más? (porcentajes horizontales)*

	No, no estoy dispuesto/a a pagar más	*Sí, un 5 por ciento más*	*Sí, de un 6 a un 10 por ciento más*	*Sí, de un 11 a un 25 por ciento más*	*Sí, más de un 25 por ciento más*	*Coste medio extra asumible (**)*		
						2006	2005	2002
Dinamarca	43,5	23,7	21,7	5,2	1,6	3,86	3,81	3,84
Luxemburgo	45,7	30,7	16,9	2,8	1,2	3,01	4,17	3,54
R. Unido	42,2	31,6	13,0	2,7	0,7	2,77	2,94	2,58
P. Bajos	52,3	25,4	14,6	2,6	0,8	2,58	3,04	3,38
Irlanda	49,6	26,5	9,1	2,2	1,0	2,32	1,86	2,27
Suecia	58,4	21,1	11,6	2,1	1,0	2,22	3,00	3,17
Croacia	57,3	20,8	8,8	1,4	1,8	2,17	2,70	
Francia	54,6	27,4	9,7	2,3	0,6	2,15	2,71	1,64
Finlandia	51,1	34,6	10,1	1,1	0,6	2,08	2,46	2,73
Chipre	46,1	28,3	9,8	0,4	0,8	2,07	1,92	
Bélgica	59,6	25,2	12,4	1,9	0,4	2,07	2,27	1,46
España	52,5	25,8	5,6	2,9	0,2	1,92	2,01	1,51
Eslovenia	59,0	25,6	10,0	1,4	0,6	1,91	1,94	
Alemania	65,8	20,9	8,1	1,6	1,0	1,77	1,99	1,49
Austria	55,1	32,1	6,8	1,9	0,0	1,76	2,05	2,34
Italia	60,6	20,8	5,0	1,8	1,0	1,68	1,71	2,63
Grecia	64,4	25,4	7,8	1,0	0,6	1,61	1,94	2,46
Estonia	57,7	24,0	6,2	1,2	0,2	1,52	2,00	
Hungría	70,1	18,7	6,2	0,8	0,6	1,30	1,29	
Chequia	70,5	20,0	6,4	0,2	0,0	1,08	1,84	
Rumanía	68,4	12,5	4,0	0,8	0,4	1,04	0,76	
Polonia	70,0	17,9	5,6	0,4	0,0	1,03	1,38	
Eslovaquia	73,9	13,4	4,1	0,7	0,4	0,95	0,95	
Malta	69,8	15,3	2,0	1,6	0,0	0,94	1,12	
Letonia	77,7	15,3	3,1	0,4	0,4	0,83	1,02	
Lituania	74,9	10,0	2,0	1,6	0,0	0,78	0,84	
Portugal	78,0	13,9	2,3	0,2	0,4	0,70	0,98	0,75
Bulgaria	80,1	7,4	1,8	0,4	0,0	0,44	0,56	
Media aritmética	61,0	21,9	8,0	1,6	0,6	1,73	1,97	2,39

(*) No se incluye el porcentaje de «no sabe».
(**) Se calcula asignando los siguientes incrementos a cada una de las opciones de respuesta y dividiendo el total por el número de encuestados que responden: no (0); más de un 5 por ciento (2,5); 6-10 por ciento (8); 11-25 por ciento (18); más de un 25 por ciento (26).
Fuente: Funcas a partir de datos de los Eurobarómetros 57.0, 64.2 y 65.2.

Tabla 8.2. Disposición a pagar más por energía/electricidad procedente de fuentes renovables en España; población de 18 a 75 años (2002-2020) (porcentajes verticales)*

	2002	*2005*	*2006*	*2007*	*2016*	*2020*
No, no estoy dispuesto/a a pagar más	56,2	43,5	52,8	26,9	36,3	38,4
Sí, pagaría [hasta] un 5 por ciento más	20,4	34,7	26,5	38,0	27,9	29,5
Sí, pagaría de un 6 a un 10 por ciento más	6,9	5,9	5,9	16,7	17,0	14,9
Sí, más de 10 por ciento más	1,1	2,7	3,6	8,3	10,4	9,2
Sí, pero no sabe cuánto				5,8	5,7	
No sabe	15,3	13,2	11,2	4,3	2,7	8,0
Media de quienes tienen opinión clara (no/sí) (**)	1,54	2,15	2,03	3,83	4,21	3,74
N	*912*	*472*	*445*	*1.199*	*1.002*	*1.002*

(*) En los Eurobarómetros (2002-2006) se preguntó por «energía»; en las encuestas ASP (2007-2020), por «electricidad». Los intervalos de respuesta no son siempre los mismos. Los Eurobarómetros son encuestas presenciales; las encuestas ASP son encuestas telefónicas asistidas por ordenador (CATI).
(**) Para calcularla se asignan estos valores a los intervalos de respuesta: no (0); hasta un 5 por ciento (2,5); 6-10 por ciento (8); 11-25 por ciento (18); más del 25 por ciento (26); más del 15 por ciento (16); 16-20 por ciento (18); más del 20 por ciento (21). A quienes están dispuestos a pagar más, pero no saben cuánto, se les asigna el valor medio de los encuestados dispuestos a pagar más y saben cuánto.
Fuente: Funcas, a partir de datos de los Eurobarómetros 57.0, 64.2 y 65.2, y de las encuestas ASP 00.044, 16.060 y 20.064.

Va a ser un camino tortuoso. Primero, porque los países productores de petróleo no quieren bajo ningún concepto ayudar en esa transición que acabará con su posición de grandes beneficiarios del gasto energético mundial; y, en segundo lugar, porque no está tan claro que los grandes retos de la humanidad se puedan abordar sólo con energías sostenibles. Todo apunta a que el petróleo seguirá siendo un elemento fundamental, por ejemplo, en el camino a la conquista del mundo exterior. Difícilmente podemos imaginar ahora una carrera espacial sin la energía que proviene del petróleo, un queroseno que todavía sigue siendo fundamental para el gran salto hacia otros planetas y que permitiría hacer realidad uno de los grandes sueños de la humanidad. Por ello, difícilmente se va a atacar a los países productores de petróleo si dicho combustible es necesario para continuar una segunda vía que pueda ser fundamental a futuro, como lo es la exploración espacial, para lograr el acceso potencial a nuevas fuentes de energía.

Uno de los puntos clave de la exploración espacial que persigue Elon Musk tiene que ver directamente con este aspecto. ¿Puede haber en otros planetas recursos energéticos que nosotros no tenemos en nuestro planeta y que nos pueden cambiar la futura carrera espacial y nuestra propia vida? En un primer momento, la Luna fue ese espacio de investigación, pero Marte es el planeta ahora clave en el que los países están analizando si esa opción es real. Por eso, gran parte de las misiones se basan en la exploración del terreno y en la búsqueda de esos nuevos elementos que puedan convertir una de esas misiones en un gran avance para la humanidad. La opción de encontrar nuevos y mejores recursos de energía está ahí.

Pero eso será un paso posterior. Antes, el mundo tiene que enfrentarse a la gran transición, y será más difícil poner en la agenda la carrera espacial si tenemos otros problemas tan acuciantes en el corto plazo para nuestra continuidad en la tierra.

Hay muchas decisiones por tomar como sociedad global, pero lo más evidente es que los negocios van a estar terriblemente impactados y que los gobiernos lo saben; y éstos, sin duda, tienen que dar el paso adelante para poder afrontar el cambio, pero a corto plazo deben mantener las condiciones para que el mundo no entre en una gran crisis provocada por la incapacidad de crecer por culpa de unas fuentes de energía que no permiten dar a la producción los elementos clave para seguir adelante.

Alemania ya ha tenido su primera ración de complicación económica desde que, con el inicio de la guerra de Ucrania, ha tenido que adaptar su industria intensiva en energía para intentar seguir compitiendo en sectores fundamentales, desde la automoción hasta la tecnología. Todo ello ha influido en el decrecimiento de la economía alemana, lo cual ha reflejado que Europa era muy dependiente de la energía rusa y que se ha complicado todavía más su inicio de una transición energética que ya estaba cogiendo ritmo en el Viejo Continente.

La economía alemana ha perdido competitividad, ha perdido capacidad de exportación, ha perdido demanda interna y, sobre todo, se ha dejado por el camino todo lo ganado desde que, con el inicio del siglo, la principal economía europea consiguiera los mejores acuerdos comerciales posibles con Rusia, lo cual le permitió dar el salto para competir internacionalmente. Piensa que Alemania necesita mucha energía continuamente para multitud de procesos industriales, desde la automoción hasta la industria química, electrónica, de maquinaria, sanitaria y siderúrgica.

En cuanto Europa calculó mal los tiempos en la guerra de Ucrania, Alemania empezó a ver cómo su producto interior bruto se ralentizaba de forma agresiva hasta llegar a una recesión, que parece leve pero de la que le es difícil salir en términos estanflacionarios. Evitada la primera batida de la inflación que llevó a que los alemanes temieran por la vuelta de una hiperinflación, pero que condujo a la entrada de muchos elementos desinflacionarios, la energía ha vuelto a ser el elemento clave que recuperar por parte de la economía germana.

Lo que no nos han dicho por el camino es que Alemania ha echado mano de todo lo que fuera necesario, incluido el carbón, altamente contaminante, para poder salir de la crisis en la que se ha visto. Es decir, ahora mismo no hay una alternativa viable para ese camino que nos están indicando que es necesario recorrer. Para esa transición energética sólo hay dos vías: o atarse a pérdidas de manera agresiva y, entonces, asumir que viene una etapa muy complicada en la que mejor que la geopolítica no ponga más problemas; o asumir que los que no lleguen los primeros van a tener un problemón, porque el resto de las economías van a tomarles la delantera de la nueva energía.

Y ello nos hace regresar de manera directa al capítulo anterior... Si los gobernantes llegan a la misma conclusión, sólo hay una vía: deuda y más deuda. Toda la que sea necesaria para tomar la delantera y conseguir ser la economía más avanzada en este entorno y poder llegar primero. Así las cosas, todo nos conduce a lo mismo. No hay recursos para hacer lo que nos están prometiendo. Las élites nos vuelven a decir que sólo hay un camino, y cogerlo promete hacer que seamos más pobres, al menos durante un tiempo inconcreto. Pero nos dicen que estemos tranquilos, pues lo financiarán las futuras generaciones, y esta vez lo dicen con la excusa de que «ellos» tendrán un mundo mejor. Es cierto que, a este respecto, esas élites se han trabajado mejor el argumento que en otros temas en los que se ha apostado por la deuda barajando argumentos menos convincentes para las nuevas o futuras generaciones.

Y ahí llegamos al punto en el que nos dicen que se necesita alrededor de un billón de euros para esa transición energética sólo en Europa. Y eso es un problema..., salvo para Estados Unidos, que ha aplicado la Ley de Reducción de la Inflación (IRA), de 2022, con la que ha atacado directamente al resto intentando traer todo el talento y la transición energética, desplazando al resto y poniendo encima de la mesa todo el dinero que sea necesario para conseguir el objetivo.

Y aquí llegamos a la cifra clave de este asunto. Para afrontar ese reto a nivel global, el mundo, todo el mundo, Estados Unidos, China, Europa, Rusia, Arabia Saudí, etcétera, necesitan la friolera de 35 billones de dólares hasta 2030. Los niveles de despliegue de energías renovables deben crecer desde los 3.000 GW de hoy en día hasta más de 10.000 GW en 2030. Y a esas cifras habrá que llegar mucho antes del supuesto punto de llegada final de 2050, con la descarbonización. En poco más de cinco años estaremos en ese estado de cosas en el que no se sabe de dónde sacar todo ese dinero.

En el gráfico 8.1 se pueden ver las necesidades hacia 2050. Que se antojan ahora mismo prácticamente imposibles de alcanzar. Y, si se consiguen, ¿a qué precio sería?

Porque está previsto que la gran transición suponga la reducción drástica del uso de combustibles fósiles, y ahí volvemos al tema de cómo abordar esa reducción contando con el apoyo de Arabia Saudí o Rusia en un entorno donde ellos tienen la doble transición, tanto energética como económica.

Gráfico 8.1. Generación de electricidad por fuente energética

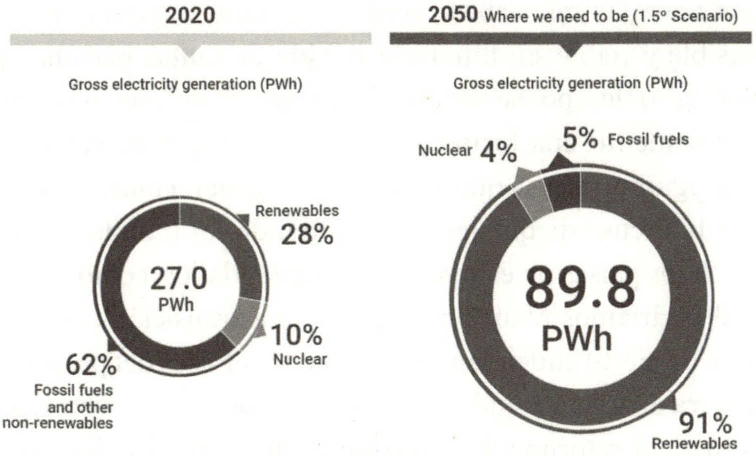

Fuente: Agencia Internacional de Energías Renovables (IRENA).

Llama la atención cómo la energía nuclear, que iba a ser uno de los elementos clave a eliminar de la fotografía en dicha gran transición, ha vuelto a recuperar terreno en los últimos tiempos, sobre todo en Europa, para poder ofrecer una alternativa de transición más acertada. Junto con el hidrógeno, la energía nuclear reaparece como gran esperanza alternativa a las renovables para conseguir los objetivos propuestos. Pero el hidrógeno también tiene sus propios problemas de desarrollo, y, aunque su eficiencia pueda mejorarse, parece estar todavía muy alejado de su eficaz aplicación en sectores clave, como la automoción y la distribución, a diferencia del gas natural; sin embargo, algunos países, como España, se han lanzado a los brazos del hidrógeno a pesar de tener previamente una buena posición respecto al gas natural.

Todo ello nos lleva de vuelta a la necesidad de una planificación inteligente que permita conseguir una economía con energías renovables, verde, sostenible..., pero que sea posible y viable sin hipotecar la vida de tantas personas y por tanto tiempo. Se trataría de que tal planificación no sea simplemente una locura pasajera con la que no vamos a conseguir otra cosa que arruinar a las generaciones futuras con la excusa de que les estamos dando un mundo mejor.

Si los países no estuvieran tan endeudados, como sociedad podríamos plantearnos hacer una transición sobre la base de cierto endeudamiento. Pero los abusos del pasado a la hora de gastar y endeudarnos sin un plan y sin buscar, de verdad, el retorno y la inversión rentable nos ha llevado a este punto. Se dan la mano la transición energética y el endeudamiento desorbitado. Y no es lo único que genera riesgos, ya que tenemos también la crisis demográfica para amplificar los problemas.

Nos falta mucha información sobre la profundidad real de lo que están pidiendo las élites y los gobiernos sobre el gran cambio energético que se necesita, y no tenemos toda la mirada completa sobre ese gran y, hasta hoy, arriesgado paso. ¿Hasta qué punto la «soga verde» de la que habla Lorenzo Ramírez supondrá un escenario donde tendremos que ceder parte de nuestra libertad para que los gobiernos puedan cumplir con sus objetivos a costa de nuestro esfuerzo, tanto de ciudadanos como de empresas? Y hay otra cosa clara, y es que Europa no tiene ese billón de euros para poder hacer frente al reto energético hasta 2030, y que, si lo crea vía endeudamiento, el resultado puede ser aún más dramático para el conjunto de la economía.

No hay camino alternativo claro que aúne la responsabilidad con el planeta y, por supuesto, la sostenibilidad para el ser humano. O ese cambio se hace de una manera equilibrada y sostenible o no tendrá tampoco mucho sentido hacer tal transición energética. Y prácticamente igual de importante será que los negocios tengan que afrontar una transición muy complicada de realizar. En ese contexto, si no consiguen dar con la tecla que permita hacer esa transición energética de manera viable, serán muchas las empresas que no podrán sobrevivir y que, por tanto, queden en el camino, con lo que eso supone para las personas trabajadoras.

Hay tanto escondido en el tema climático y hay tantos intereses de las élites que resulta prácticamente imposible tener una visión clara de lo que de verdad está sucediendo y de las opciones para sacar adelante una solución que sea viable económica y humanamente. En los próximos años podremos empezar a resolver el enigma propuesto, pero el camino será altamente complicado, y los reveses en forma de fracasos empresariales van a estar a la orden del día. Preparémonos..., pues en el tema climático, frente a lo que se podía esperar, está uno de los grandes caballos de batalla de la economía que viene.

9

La inteligencia artificial y la gran disrupción tecnológica y del empleo

La inteligencia artificial y todo el proceso de nueva economía que ha surgido alrededor de empresas como OpenAI (ChatGPT) o Nvidia nos llevan a plantearnos una nueva relación entre los negocios, el empleo y la tecnología en general. Ante las amenazas de que la inteligencia artificial lo va a cambiar todo y de que incluso puede poner en peligro el futuro de la humanidad, se difunde cada vez más el mensaje de que la economía que viene será una economía orientada hacia los procesos mejorados por la inteligencia artificial.

Es el gran cambio de nuestra época, del inicio del siglo XXI, aunque ya estemos en la década de 2020. Nada va a modificar más la manera en que hacemos negocios y en que nos relacionamos con nuestro entorno que la inteligencia artificial. Los avances llegarán desde el lado de la medicina, que se transformará en una biomedicina preventiva que va a permitir detectar un cáncer de manera prematura para que ni tan siquiera llegue a desarrollarse. Será un cambio que permita al ser humano dar un salto en tantos órdenes de la vida que no hay manera de conocer ahora los límites a los que puede llegar.

Desde la medicina hasta el ámbito jurídico, los medios de comunicación, la conducción, la robótica y los androides, la inteligencia artificial nos va a meter de lleno en el futuro. Muchos analistas dicen ya que estamos entrando en la época geológica llamada Antropoceno, algo así como la época del nuevo ser humano, una época caracterizada por el impacto del hombre sobre el planeta, pero que tiene como elemento fundamental la generación de un nuevo estadio económico y de bienestar social.

La inteligencia artificial viene a permitirle al ser humano dedicarse a lo que quiere cada día, sin impedimentos, mientras las máquinas organizan gran parte de las tareas, tediosas o no, para que se pueda volver a un mundo de los servicios, a un mundo en el que el avance sea controlar esa inteligencia artificial para alcanzar los grandes retos de la humanidad, desde ir con androides a Marte hasta conseguir ampliar la edad media de vida por encima de los ciento veinte años. Pero todo ello sólo es posible por la irrupción en nuestras vidas de la inteligencia artificial y el cambio de paradigma. Después entraremos en el tema de cómo se podría cubrir la pérdida de puestos de trabajo con la llamada «renta mínima universal», pero ahora lo importante es intentar entender si de verdad el calado del cambio del que estamos hablando es tan salvaje como se está planteando.

Uno de los ejemplos más clarificadores está en el ámbito de la medicina. Ahora mismo ya hay algunas operaciones que, guiadas por seres humanos, pueden producirse de la mano de la tecnología. Mediante la precisión nanométrica de una máquina para operar de manera directa un tumor o una lesión de rodilla se consiguen unos resultados impensables hace años. Pero el salto puede ser mayor si lo que conseguimos es que la inteligencia artificial pueda ser preventiva y pueda mejorar la esperanza de vida media, hasta llegar, como dije antes, a los ciento veinte años. Sería como una especie de nueva era de Matusalén en la que los seres humanos tengan una vida tan longeva que parezca que nunca perecen, con un envejecimiento tan lento que los setenta años de edad parecerían ser treinta. Este cambio se correlaciona con algunos mensajes que hablan de que, para tanta población, puede haber un problema de capacidad alimentaria en el mundo. Pero esto es algo que, ahora mismo, y por mucho que lo repitan, es simplemente falso. Llevamos siglos con el mismo miedo, pero la realidad siempre ha sido diferente, y, ante tanta duda y tantos problemas sobre si habrá suficiente espacio y suficientes alimentos como para que todos puedan tener sus necesidades cubiertas, los datos nos demuestran que hay cada vez menos hambre en el mundo.

Si la época del Antropoceno ha llegado para cambiarlo todo de la mano de la inteligencia artificial, resulta incomprensible que los negocios no se estén adaptando de manera inmediata a ello, desde sus procesos hasta los puestos de trabajo, desde cambiar la logística de una empresa de supermercados hasta intentar entender cómo va a terminar un juicio en el que el juez ya será una mera máquina que se basará en un algoritmo.

El primero de los planos a tratar se refiere al trabajo. La

inteligencia artificial puede conseguir transformar la productividad y el potencial del PIB, algo que los gobiernos no han sido capaces de hacer en las últimas décadas, ni siquiera a base de endeudamiento. Pero ¿dónde caerá todo ese empuje? Hay varios informes que apuntan a que China volverá a ser el gran ganador en ese aspecto. Tendrá un impulso del 30 por ciento en su PIB hasta 2030, sólo sobre la base de la inteligencia artificial. Estados Unidos crecerá un 14,5 por ciento más con la introducción de la inteligencia artificial. Y se espera que la inteligencia artificial tenga un impacto económico mundial del 70 por ciento, al alza.

Hay quien apunta, como Sundar Pichai, el CEO de Google, que la llegada de la inteligencia artificial (IA) supondrá un cambio más profundo para la humanidad que el empleo del fuego o de la electricidad. Además se prevé que habrá un impacto salvaje de la IA en los negocios. Se proyecta que los ingresos globales de la inteligencia artificial para aplicaciones empresariales crecerán de 1,62 billones de dólares en 2018 a 31,2 billones en 2025. Para 2025, se espera que la IA se convierta en una industria de 60 billones de dólares.

El gráfico 9.1 nos muestra qué ámbitos cambiarán con la inteligencia artificial. Y cómo los negocios van a quedar tocados para siempre, según la percepción que tenemos nosotros. No la que tienen los analistas que están ya trabajando para implementarlo de la manera más eficiente y productiva posible.

Los tres gráficos que vienen a continuación (9.2, 9.3 y 9.4) son fundamentales para entender el ritmo al que avanza todo.

Gráfico 9.1. Cómo cambiará nuestras vidas la inteligencia artificial (IA): porcentaje de encuestados que creen que el uso de la IA cambiará diferentes áreas* (2021)

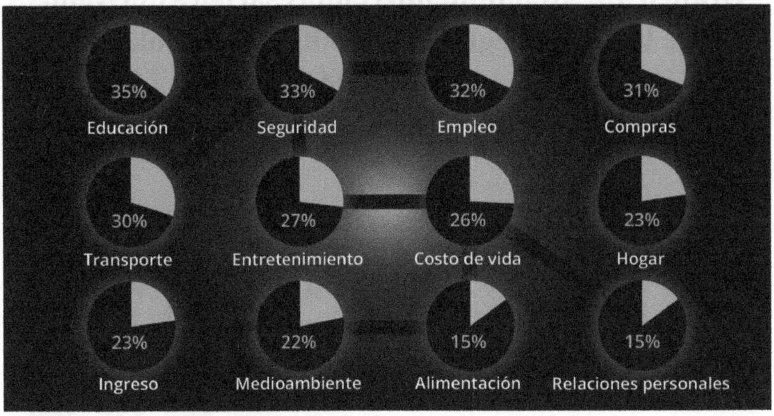

(*) En los próximos 3-5 años. Encuesta online a 19.504 personas (16-74 años) en 28 países, entre noviembre y diciembre de 2021.
Fuente: Ipsos (vía Statista).

El gráfico 9.2 nos muestra el ritmo al que ya han ido los beneficios empresariales entre 2015 y 2023 y la previsión que vamos a tener para un año 2024 en el que el crecimiento se prevé muy acusado. Pero esto no es lo más llamativo. Porque, si tenemos en cuenta el ritmo de despliegue de la inteligencia artificial, el aumento de beneficios va a ser escandaloso. Hagamos el ejercicio de verlo por regiones: Asia-Pacífico (que incluye especialmente China) y Estados Unidos lideran la tabla; Europa está muy rezagada, pero por delante de las otras áreas; y Oriente Próximo crece e intenta tener un papel más potente, pero sin conseguirlo. Así pues, volvemos a encontrar a China a la cabeza, al igual que veíamos con las energías verdes, área en la que el gigante asiático ha roto todos los pronósticos; y aquí vuelve a ser el claro ganador, junto con el conjunto de emergentes y no emergentes de Asia-Pacífico.

Gráfico 9.2. Rendimientos empresariales derivados de la IA por regiones, en millones de dólares (2015-2024)*

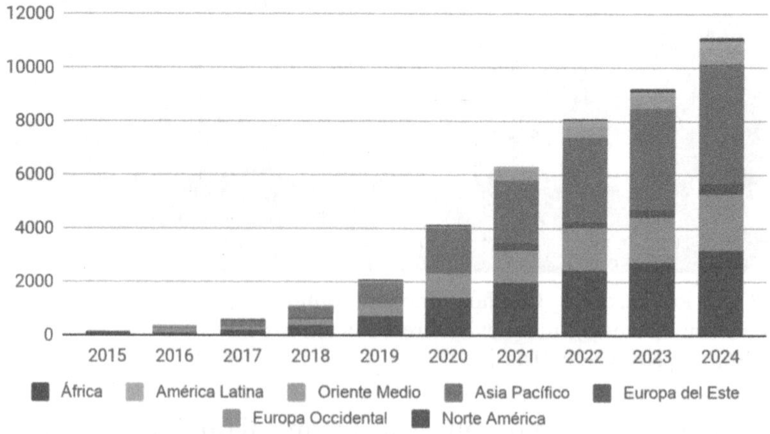

(*) Los datos de 2024 son una proyección.
Fuente: Tractica. Se recomienda ver en web: <https://ost.torrejuana.es/impacto-economico-de-la-inteligencia-artificial-acceso-a-descarga/>.

En el gráfico 9.3 vemos en detalle los países y *hubs* (nodos) que están a la cabeza de la IA. Y verás que no figura España, ninguna ciudad española; y, de la Unión Europea, sólo hay tres países (Francia, Alemania y Suecia) y sólo un *hub* (París). Estamos perdidos ante la pinza de Estados Unidos y China. Si la inteligencia artificial va a ser el elemento que lo transforme todo, Europa está contra las cuerdas ya. Europa no destaca ni por capacidad de desarrollo a futuro mediante diferentes *hubs* ni por la presencia de compañías de inteligencia artificial que permitan estar a la vanguardia y conseguir ser punteras en todo el desarrollo.

Gráfico 9.3. Distribución global de *start-ups* de IA (países y *hubs*)

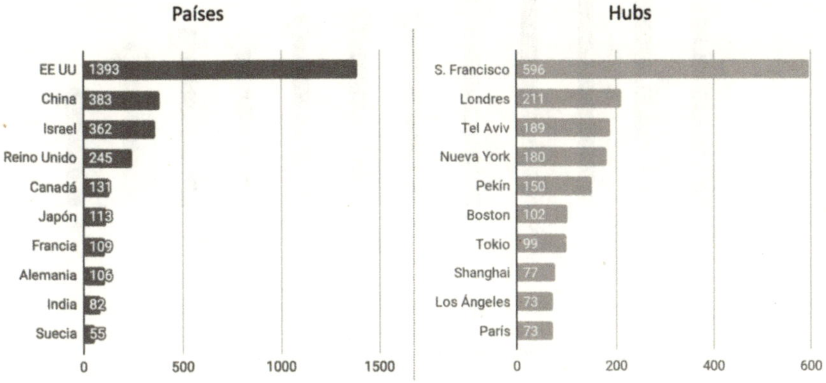

Fuente: Asgard y Roland Berger.

Y, por tanto, como se muestra en el gráfico 9.4, sobre el desarrollo de la previsión del PIB en países, los países que tienen una mayor relación con la innovación en la inteligencia artificial pueden hacerlo mejor y, con ello, generar mayor riqueza que aquellos que no tienen empresas preparadas para dar ese salto. Repito, en Europa tenemos un problema de gran tamaño. A todos los problemas anteriores que hemos visto en el libro se suma ahora este aspecto, que es disruptivo.

Gráfico 9.4. Previsión de crecimiento del PIB anual para 2035, con y sin incorporación de IA en la economía (países seleccionados)

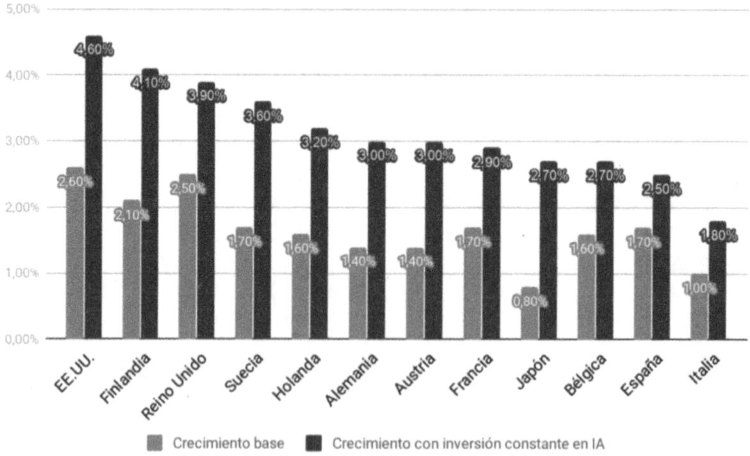

Fuente: Accenture y Frontier Economics.

Hay otro gráfico que es paradigmático sobre lo que está sucediendo en empresas cotizadas el cual muestra la relación entre el Nasdaq 100 y el alemán TecDAX (ambos índices tecnológicos), como se ve en el gráfico 9.5. Ahí observamos cómo Alemania está cayendo en una espiral complicada que difícilmente le va a dejar prosperar en el medio plazo; más bien todo lo contrario, pues va a tener más lastrada su economía por culpa de este aspecto.

Aunque hemos visto el gráfico con anterioridad en el libro (el 3.9), creo que debemos volver a analizarlo para observar cómo hay un momento en el que todo cambia. Es hacia mitad de 2023, cuando el mercado y los inversores se dan cuenta de que la inteligencia artificial lo ha cambiado todo y que hay quien no se ha subido al carro y va a ser tremendamente perjudicado; de ahí la caída del TecDAX hasta hoy, mientras el Nasdaq 100 ha ascendido a ojos vista. La comparación entre las empresas estadounidenses, que veíamos antes en el gráfico 9.3 —de compañías que apostaban por ello y la cantidad de *hubs* creados para que fluya la inteligencia artificial entre empresas— nos lleva al punto de entender que Europa vuelve a quedarse atrás.

Gráfico 9.5. Comparación entre el Nasdaq 100 y el índice tecnológico alemán

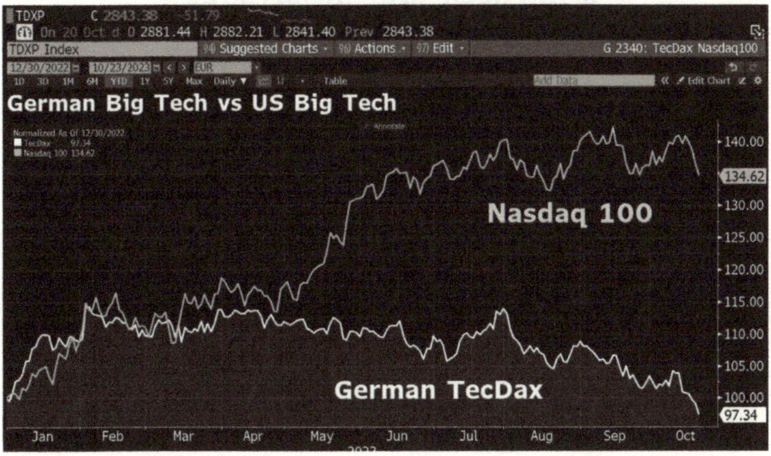

Fuente: Bloomberg.

Pero el inversor ya ha visto, como pasó con la fiebre de las puntocom, que el desarrollo tecnológico y el futuro del cambio en la economía viene de la mano de empresas tecnológicas muy vinculadas con la inteligencia artificial. Por ello, las empresas disruptivas del TecDAX se están quedando atrás frente al empuje que están teniendo las empresas del Nasdaq 100, que han comprendido que ahora vendrá un cambio que lo transformará todo.

Ahora toca entender en qué punto estamos para poder valorar a las empresas dentro de un plan de ingresos y de aumento de la productividad que será el que de verdad apoye y sustente el proceso de creación futuro. Gartner lo valora muy bien en el gráfico 9.6. Realizado con la mirada de 2022, punto en el que se percibe que está naciendo de manera abrupta y que terminó por romper en el mercado en 2023.

Gráfico 9.6. Hype Cycle de Gartner[7] para la inteligencia artificial (2022)

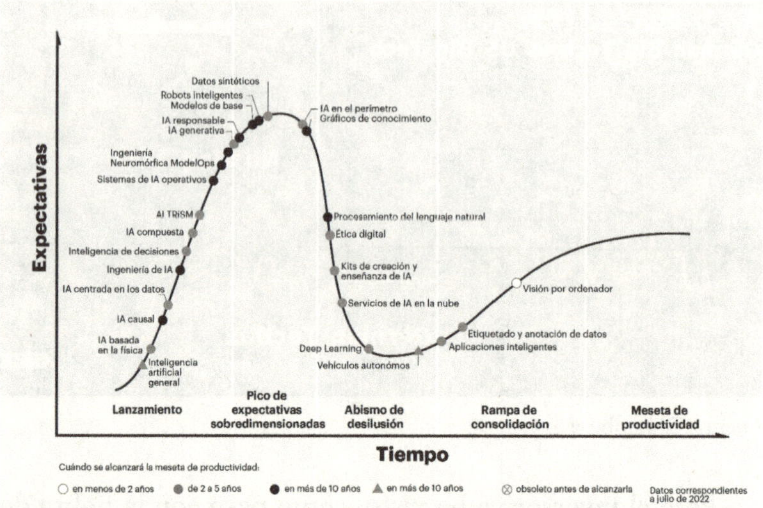

Fuente: Gartner, Inc. (2022). Se recomienda ver en versión web: <https://www.gartner.es/es/articulos/novedades-del-hype-cycle-de-gartner-para-la-inteligencia-artificial-2022>.

7. El Hype Cycle de tecnologías emergentes de Gartner es una representación gráfica de la madurez, adopción y aplicación comercial de tecnologías específicas.

Se pueden descubrir varios aspectos donde la disrupción lo va a romper todo. La inteligencia artificial se desarrollará en cuatro áreas: la centrada en datos; la centrada en el modelo; la centrada en aplicaciones, y, la más importante, quizá, para el futuro de la humanidad, la centrada en las personas.

Y, con todo ello, Goldman Sachs entiende que el impulso al PIB de Estados Unidos y de aquellos países que desarrollen la IA con fuerza puede ser trascendental para sus economías. (Véase el gráfico 9.7.)

Gráfico 9.7. Una gran cantidad de puestos de trabajo están expuestos al avance de la IA

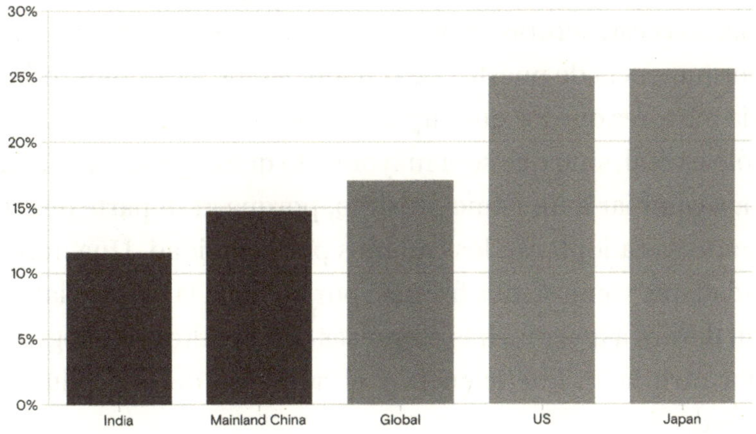

Fuente: Goldman Sachs Research.

Observemos que Japón, aparentemente escondida entre China y Estados Unidos en cuanto a la fuerza de la inteligencia artificial, resurge en la previsión de que pueda convertirse en un actor fundamental para el cambio. Japón lo tiene prácticamente todo para conseguirlo, pero ha estado «escondido» mientras los grandes bancos nos ponen a las dos principales economías del mundo como cártel principal. Este aspecto tiene una causa colateral referida a Alemania, pues la principal economía europea había conseguido volver a ser tercera economía del mundo, pero sólo por la caída de Japón. Y, después, el resurgir japonés devolvería a Alemania a una realidad complicada, donde vuelve a perder el tren fundamental del desarrollo.

El mundo se vuelve a dividir en dos partes: Asia-Pacífico, por un lado, y Estados Unidos, por otro. Del resto, prácticamente nada se espera.

Otro punto, tan importante o más que el desarrollo económico, es el del empleo. El miedo de que un tsunami llegue a las estructuras económicas y ponga en dificultades la permanencia de puestos de trabajo debido a cambios todavía mayores que los que supuso la Revolución Industrial no sólo es real, sino que será mayor de lo que esperamos. Todo va a cambiar a un ritmo altísimo, porque gran parte de las empresas adoptarán los cambios por necesidad. Una necesidad que viene en dos frentes: por un lado, la escasez laboral llevará a que muchas empresas den el salto tecnológico; por otro lado, la eficiencia y el aumento de la productividad.

Cuando España, por ejemplo, debate cómo elevar la productividad con un aumento de los salarios, el mundo debate sobre la posibilidad de elevar la productividad sobre una base tecnológica. Vamos, que llegamos unos 50 años tarde; y, además, mal. Los países que decidan tomar el camino de la productividad sobre la base del empleo, en lugar de hacerlo sobre la base de la tecnología, quedarán profundamente retrasados en su crecimiento.

Gráfico 9.8. Unas 2/3 partes de los puestos de trabajo se ocuparán parcialmente por la IA

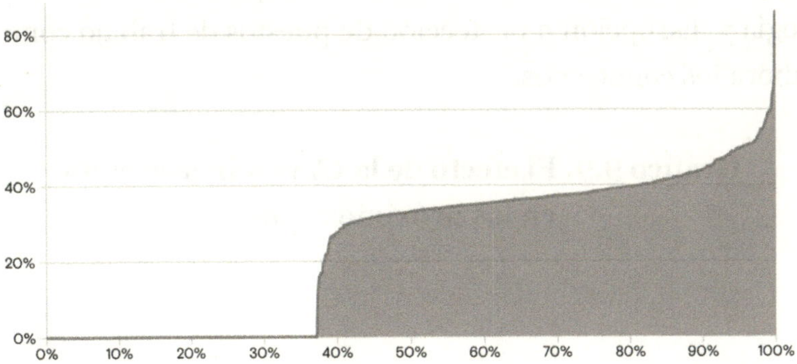

Fuente: Goldman Sachs Research.

En el gráfico 9.8 se refleja el porcentaje de empleos que tienen los días contados. En ese proceso de cambio, según estima Goldman Sachs Research, unos dos tercios de los puestos de trabajo pasarán al ámbito tecnológico y podrán suponer una evolución hacia una economía basada en que cada vez más máquinas pueden encargarse de tareas laborales de una manera que ahora mismo sólo podemos intuir.

El cambio es tan grande y tan disruptivo que difícilmente van a poder oponerse las empresas y los gobiernos sin acabar trasquilados.

El gráfico 9.9 muestra la estimación (de Goldman Sachs Research) sobre la influencia en la productividad de las empresas y de las economías del hecho de adoptar y aplicar la IA en cinco grados de intensidad. En él vemos que aquellas economías con un grado más alto de adopción de la IA podrán tener crecimientos anuales de productividad de alrededor de un 2,6 por ciento mayores que aquellas que la adopten y apliquen muy ligeramente. No hay más caminos que la inteligencia artificial para poder resolver el problema al que ahora mismo nos enfrentamos y que involucra tecnología y disrupción o protección de puestos de trabajo como ahora los conocemos.

Gráfico 9.9. El efecto de la IA va a ir creciendo en los próximos años

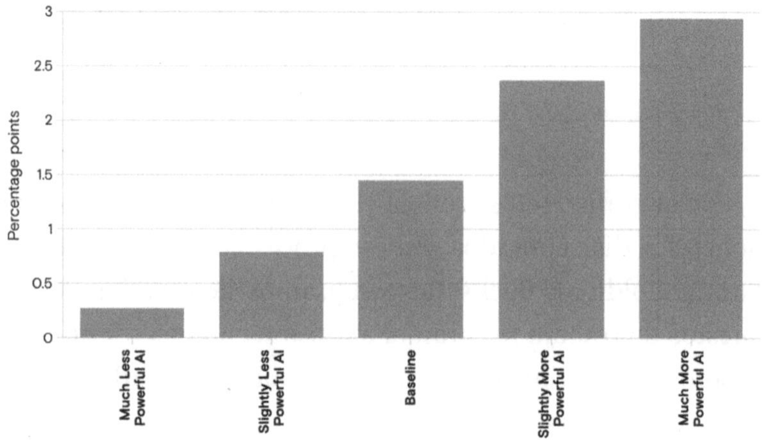

Fuente: Goldman Sachs Research.

De ahí que otro de los elementos clave de tal adopción esté en el decrecimiento poblacional, la cuestión demográfica. Una de las teorías (terribles, hay que decirlo) que han surgido en los últimos años apunta a que habrá un «mundo mejor» (eso dicen esos teóricos), pero que tendrá que ser «mejor» para unos pocos. Y no cuesta imaginar a quiénes se refieren con esos «pocos». Así las cosas, les parece razonable pensar que, en ese mundo futuro donde no habrá trabajo como hoy lo conocemos, lo mejor sería que hubiera una reducción poblacional sobre la base de que no haya más de un hijo por cada pareja. Según ellos, así se podrá tener una reducción poblacional que permita el avance hacia una «supercivilización» marcada por las máquinas y unos seres humanos privilegiados que estarán allí para verlo, pero, supuestamente, a costa de haber dejado atrás a una gran cantidad de personas.

Hay que tener cuidado con esa previsión también teórica en la que se nos dice que la inteligencia artificial es un peligro, cuando, a la vez, algunos empiezan a ver que el peligro real somos los propios seres humanos, su número. Como decía Hobbes, «el hombre es un lobo para el hombre», y parece que el problema no es que tengamos que convivir con máquinas, sino las personas que estarán detrás de esas máquinas y que parecen querer usarlas como excusa para sus planes de decrecimiento malthusianos.

La idea que plantea supone poner otra vez como excusa el desarrollo económico para hacernos pensar que es imposible la convivencia en un mundo tan poblado y, a cambio, hacer realidad los sueños de los últimos siglos en los que se planteaba que éramos demasiados en el planeta. En este sentido, tanto la transición energética como la tecnológica apuntan al mismo elemento: somos demasiados en el planeta.

De ahí que tengamos que repensar y analizar primero qué está pasando entre las élites y qué tienen en la cabeza respecto al asunto del decrecimiento poblacional. Pues, si plantean eso, tal vez es porque consideran que es mejor tener una pata tecnológica que gobernar que un mundo de hombres y mujeres que finalmente pueden ser libres y que, por tanto, pueden poner en duda el modelo que esas élites quieran implementar.

El problema no serán nunca las máquinas, porque siempre estarán dirigidas, creadas y modeladas por hombres, que les impondrán sus objetivos y sus planteamientos. El problema está en que las élites gobernantes quieren cumplir una serie de objetivos planteados desde hace siglos utilizando la escasez laboral juntamente con la disrupción tecnológica que nos trae la inteligencia artificial.

El problema de fondo es que los gobernantes no saben por dónde echarle mano a la regulación que deberían plantear para poder abarcar algo que no conocen. Llama la atención que Europa haya aprobado una regulación para 2027. Vamos, que nos toman el pelo. Ni tan siquiera saben cómo será la tecnología y la inteligencia artificial para ese año, pero ya quieren poner en marcha la regulación al respecto. Ni tan siquiera Europa tiene un papel importante al respecto y, sin embargo, lo que sí hace es regular y regular. Resulta esperpéntico ver cómo los burócratas europeos se han puesto a crear una legislación de algo que no existe y que no saben por dónde va a evolucionar, máxime cuando en Europa ni tan siquiera hay claras empresas punteras para desarrollar ese negocio y esa evolución.

Es decir, en Europa, una empresa que quiera emprender alrededor de la inteligencia artificial tendrá que leerse primero el reglamento y la regulación antes de ponerse a desarrollar un negocio que ni tan siquiera sabe si saldrá adelante ni cómo. Así, la Unión Europea demuestra que, más que impulsar los negocios y fomentar un progreso fuerte en el continente, lo único que quiere es que se regule y se regule y se regule. Es de locos..., pero así es Europa.

Uno podría pensar que difícilmente la inteligencia artificial (IA) puede poner en peligro al ser humano si la regulación ha llegado antes que la tecnología, pero la realidad es que ahí está el problema. Si todo lo hacemos así, vamos listos. Imagina que la regulación no cambia y que, finalmente, la IA apunta a otros aspectos diferentes de los que ahora esperamos y sobre los que se ha regulado, y que, en 2027, por ejemplo, tenemos una inteligencia artificial más centrada en la sustitución del hombre por máquinas en el sentido estricto, a través de chips que se instalen en el ser humano. ¿Cómo nos protege la regulación que ahora mismo no es capaz de ver estos aspectos en un entorno como el del futuro? Hablo de un futuro en el que quien quiera saltarse la regulación lo tendrá más fácil, pues, como hemos comentado, podrá saber cómo afrontar una regulación hecha en 2023 para 2027.

Es todo un despropósito construido sobre la base de intentar acabar con la libertad individual para tenerlo todo controlado y conseguir crear la sensación de inseguridad en el ciudadano, a fin de poder regular (es decir, intervenir) y conseguir que todo eso juegue a favor de los intereses de las élites, que serán proclives a emplear cualquier aspecto que pueda ser utilizado para crear un problema de seguridad. Para ello, la inteligencia artificial es perfecta. Juega perfectamente ese papel en grado extremo.

Pero hay que preguntarse si realmente puede suceder

que tengamos un problema de seguridad con la inteligencia artificial (IA), o si más bien lo que podemos tener es un problema de «intoxicación» en determinados aspectos por culpa de la IA. Por ejemplo, ¿puede un país hacer un ejército entero de máquinas que pueda llevar a cabo una guerra en un mundo que sólo en las ficciones del cine o de la televisión hemos podido concebir? O quizá de lo que estamos hablando es de que haya que protegerse contra *fake news* o estafas derivadas de usar la IA en ámbitos que nos sirven para falsear una imagen y generar el caos en la opinión pública. Imagínate una foto en la que se firma la paz entre dos países con los protagonistas y la foto generada por IA y que hace que todo el mundo crea de verdad que ha sucedido.

Porque, dependiendo de qué opción estemos barajando, los escenarios son completamente distintos. Si en lo que se basa Europa o Estados Unidos para regular es una amenaza como la de la seguridad que hemos planteado, entonces no hay regulación que salve el modelo de libertad. En ese caso, ¿deberíamos parar el desarrollo de la inteligencia artificial para acabar con la posible amenaza que puede significar? Con la bomba atómica, el mundo ya aprendió que estos avances tienen una cara oculta que es altamente complicada. Pero todo parece indicar que ahora mismo ya no hay freno tecnológico que pueda impedir la evolución de esa tecnología disruptiva que va a cambiarlo todo. Igual que es difícil entender el futuro con la inteligencia artificial, ahora mismo también es imposible entenderlo sin ella.

Y aquí emerge la figura de Elon Musk, que está en todas estas cuestiones, y la cuestión de cómo el desarrollo abierto por su empresa Neuralink puede cambiar de manera más acelerada el tránsito hacia ese «transhumanismo» (como así se llama). Desde 2016, Neuralink Corp. investiga y desarrolla dispositivos de neurotecnología, especialmente, interfaces cerebro-computadora, implantables en las personas. En un primer escenario, se supone que estos dispositivos implantados por encima de la corteza cerebral podrían hacernos recuperar la visión, alguna función motriz del cuerpo y otros problemas relacionados con la salud, por poner unos ejemplos. Pero eso sería sólo el primer paso de un avance que nos llevaría a convertirnos en «trashumamos». Y eso podría tener la consecuencia de cambiar la base de lo que hoy conocemos como base en las relaciones personales y en los aspectos básicos del desarrollo humano, así como en aspectos legales y hasta de conciencia. La cuestión es que ya están disponibles esos implantes (que precisan cirugía), y al parecer hay miles de personas interesadas en recibirlos.

Imagen 9.1

¿Quizá el verdadero peligro no está en eso, en la experimentación que nos lleva a querer ser dioses que intenten buscar dar un salto más potente que el que el propio ser humano puede tener? De extenderse, esos usos de la neurotecnología podrían llevar al ser humano a una situación completamente desbocada en la que ya no se pueda distinguir entre lo que hoy conocemos como ser humano y un androide del futuro que sea el resultado de una mezcla de humano y máquina. Y, con todo esto último, de nuevo volvemos a vislumbrar un escenario en el que unas élites se acercan a una especie de poder supremo.

Tengamos más cuidado del propio ser humano que de lo que pueda surgir en la creación de una máquina superior como la última idea neurotecnológica que ha presentado Elon Musk.

10

La demografía como elemento clave para el futuro de los negocios y las inversiones; y más sobre la inteligencia artificial

Llegados aquí, tal vez pienses que el mundo está en declive poblacional; pero eso no es del todo cierto: Occidente está en declive poblacional, pero no lo está el mundo. Superados los 8.000 millones de habitantes en el mundo —es decir, el triple que hace 60 años—, las proyecciones estiman que llegaremos a los 9.700 millones de habitantes en 2050. Te preguntarás cómo puede ser que, con las bajas tasas de reemplazo que vemos habitualmente en los medios, se pueda estar presentando una fotografía que muestra tal aumento poblacional. La realidad es que el desarrollo va a ser desigual y diverso en las diversas áreas del mundo. La mitad de ese aumento poblacional se va a producir en ocho países: Congo, Egipto, Etiopía, Nigeria, Pakistán, Filipinas, Tanzania e India.

Respecto a la evolución poblacional, hay que tener en cuenta tres aspectos que la gestora Fidelity International ve como fundamentales a corto y medio plazo, y que creo que son clave a la hora de pensar cómo va a cambiar la manera de invertir y cómo van a cambiar las valoraciones de determinados bienes sobre los que ahora mismo estamos equivocados en cuanto al valor futuro que tendrán, como, por ejemplo, las viviendas.

El primero de esos aspectos tiene que ver con los mercados emergentes. ¿Qué sociedad crees que tiene más futuro, una que envejece o una joven? Muchos mercados emergentes florecen ahora mismo gracias a su joven población. Ejemplos de ellos son China, Japón o Arabia Saudí, que muestran cómo los inversores pueden aprovechar estas tendencias invirtiendo en tecnología o educación en ellos. Estos países y los emergentes se apoyan en poblaciones jóvenes y tienen un camino más fuerte a medio plazo que las sociedades envejecidas de Occidente, con Estados Unidos y Europa a la cabeza del envejecimiento.

La alimentación es el segundo aspecto clave que hay que tener en cuenta. Un análisis profundo sobre los cambios en los hábitos alimentarios muestra cómo las tendencias demográficas afectan a economías enteras, lo que suministra una potente herramienta a la hora de tomar decisiones rentables de inversión. La demografía y la alimentación van a ir de la mano de manera inexorable.

El tercer aspecto que hay que tener en cuenta es la generación *silver* (o «plateada», en alusión a los mayores y sus canas o pelo gris). Antes te contaba que la posibilidad de alcanzar medias de esperanza de vida de 120 años es posible gracias a la tecnología; eso supone que habrá una generación con casi tantos años de vida por delante tras jubilarse como años trabajados. Si eso se produce, ese grupo humano puede convertirse en la generación clave del consumo. Con ingresos y tiempo libre suficiente como para poder hacer montones de planes y de proyectos que suponen gasto.

Gráfico 10.1. Expectativa adicional de vida a partir de los 80 años

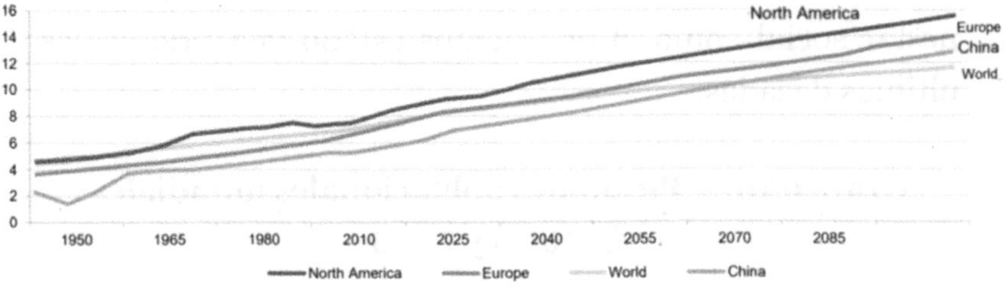

Fuente: Proyecciones de población de la ONU; y Morgan Stanley Research (2021).

Visto lo anterior, nos encontramos ante un gran cambio para el inversor. En el gráfico 10.1 se muestra que la esperanza de vida para mayores de ochenta años va en aumento y que en 2085 tendremos un aumento exponencial gracias a los distintos avances que van produciéndose y que pueden apuntalar a una generación que, en Estados Unidos y Europa, crezca de manera destacada.

Eso generaría un cambio en la pirámide poblacional que cambiaría la forma de hacer negocios. Pero, sobre todo, cambiaría todo el modelo asistencial que Europa mantiene hasta hoy.

Con unas pirámides poblacionales con las formas que vemos en el gráfico 10.2, tú mismo puedes ver cómo, en su evolución desde 2000 hasta 2050, lo que hace falta ya es ampliar la base de manera inmediata. Y ahí nos aparecen las máquinas. Los negocios tendrán que pagar por las máquinas que han sustituido a los trabajadores para que se pueda mantener el mismo nivel de bienestar social. Un impuesto a las máquinas puede compensar la pérdida de las cotizaciones que ahora mismo pueden mantener el sistema de seguridad social. Si no, esa pirámide será imposible de concebir si se quiere mantener un sistema de bienestar social como el que hemos estado viviendo en las últimas décadas.

Gráfico 10.2. Pirámides poblacionales mundiales de 2000 y 2050

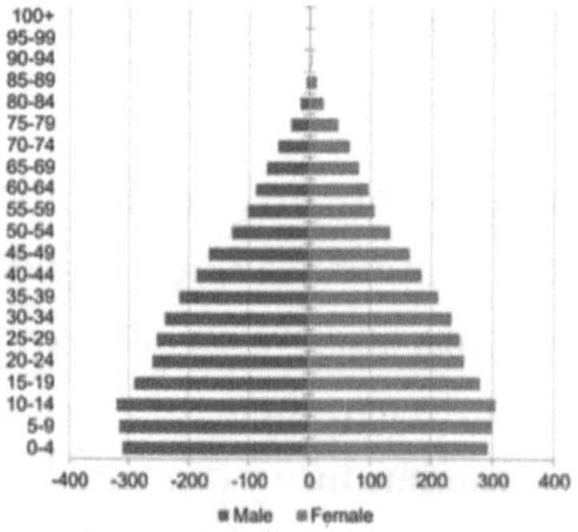

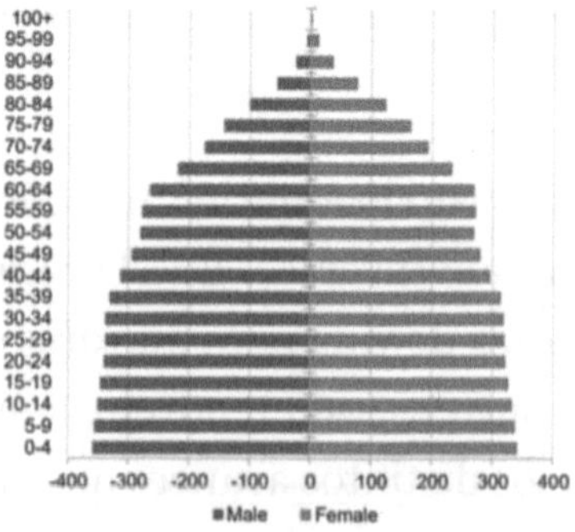

Fuente: Fidelity International; HSBC; y Base de datos de población de la ONU (2020).

Pero, para los negocios, será fundamental entender que esta generación silver vendrá a cambiar las bases de cómo se está consumiendo y cómo habrá un nuevo mercado para el turismo y otros sectores, que entienden que ahora se ha generado una nueva masa de población que puede convertirse en uno de los impulsores del consumo en las próximas décadas. Como verás en el gráfico 10.3, tanto Asia como Europa, América Latina y Estados Unidos tienen un comportamiento parecido en cuanto al aumento de la llamada generación *silver* y las opciones que puede dar la aparición de esta nueva clase media de «mayores» que tienen mucha más esperanza de vida.

Gráfico 10.3. Economía *silver* y su impacto en el consumo por regiones

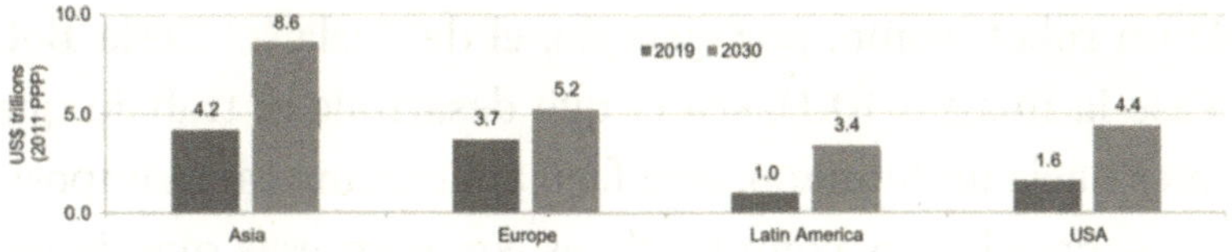

Fuente: World Data Lab.

Pero necesitarán de las máquinas a fin de poder salir adelante y mantener el sistema de recursos mínimos para vivir, o bien tendrán que trabajar muchos más años. Fíjate que el tema económico se juega entre dos opciones: o bien trabajar más tiempo, o bien tener que buscar una solución clara que permita que el uso de máquinas en la economía (máquinas que habrán sustituido muchos puestos de trabajo) supongan el pago de un canon para mantener el sistema. Es decir, lo que se plantea es la aparición de un impuesto directo sobre los beneficios de las empresas que tengan un pilar fuerte de tecnología y empleen máquinas que sustituyan a puestos de trabajo humanos (algo que no es fácil de ponderar, en todo caso).

Al respecto, Bill Gates proponía la siguiente opción: «En este momento, al profesional humano que hace, por ejemplo, un trabajo por valor de 50.000 dólares (41.000 euros), se le grava una cantidad en diferentes impuestos. Si un robot sustituye ese puesto habría que aplicarle la misma carga a nivel de impuestos». Pero ¿cómo valorar la equivalencia impositiva entre un trabajador y una máquina o una serie de máquinas? Y, además, ¿se gravaría a través del impuesto sobre la renta o de las cuotas de la seguridad social?, ¿o bien se crearían nuevas figuras impositivas? Este debate es fundamental y, por ahora, no concluyente. Parece claro que, cuando un robot, como, por ejemplo, el de Tesla (el Tesla Bot, véase la imagen 10.1), sea el que desarrolle el trabajo que antes hacía un humano, será fácil aplicar una carga impositiva sobre él. Más complicado es con empresas que tienen una tecnología ya desarrollada para el conjunto de una factoría, como, por ejemplo, en un proceso de producción en el que no es precisamente un androide el que sustituye a la persona, sino simples máquinas robóticas. En esos casos será más complicado hacer este tipo de estimaciones y equivalencias. Aunque se presentan varias alternativas...

Una opción sería la de módulos o de ingresos de una empresa que, o bien tiene una serie de trabajadores contratados, o bien paga una serie de impuestos extra por el uso de robots (que compensen la falta de puestos de trabajo ofrecidos por la empresa).

Otra opción sería la de gravar el impuesto directamente en el capital de la compañía, o en los ingresos, o en el beneficio (más bien en lo primero, para poder aplicar una cantidad mínima por empresa). De esa manera se aseguraría que la empresa, gane o pierda, hiciera su aportación al conjunto de la sociedad y que dicha empresa pueda mantener un nivel mínimo de servicios. Si las compañías pueden pagar estas cantidades, entonces, los gobiernos podrán ser capaces de mantener el nivel de gasto y de servicios para la sociedad.

Imagen 10.1. El Tesla Bot

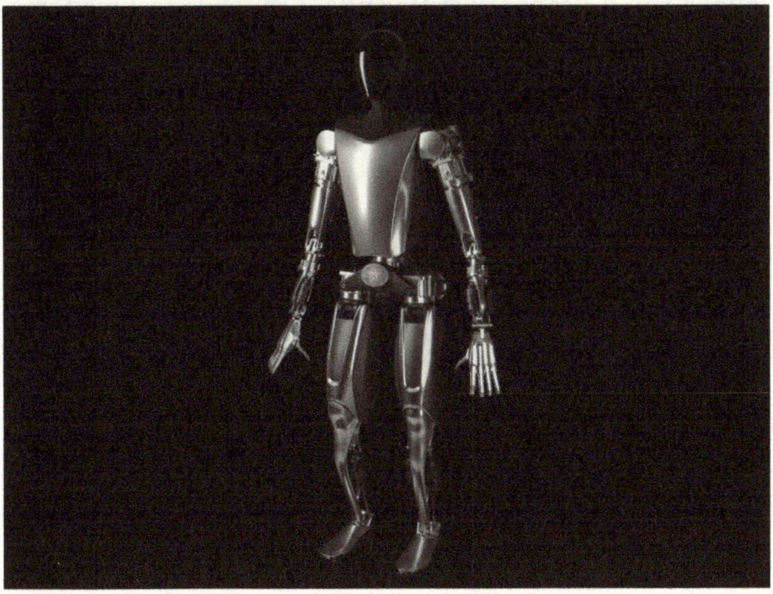

Fuente: Tesla, <https://www.tesla.com/es_es/AI>.

Puede haber soluciones más *ad hoc* para las empresas, pero ahora mismo son una utopía en un entorno en el que puede llegar el momento trágico en que un gobierno populista del futuro se ponga al lado de las máquinas y decida eliminar todo tipo de impuesto especial por ellas, y entonces los humanos no tengan más recursos para vivir. Piensa en un escenario futuro en el que las máquinas, que han desarrollado un proceso de inteligencia artificial generativa, puedan rebelarse para decir que están hartas de «vivir» como esclavas de los hombres y en el que empresas creadas por las propias máquinas en un futuro puedan decir que dejan de pagar esos impuestos especiales.

Porque hay algo que no termina de plantearse abierta y plenamente en el ámbito socioeconómico, y es que las máquinas van a acabar sustituyendo a muchos trabajadores. Eso, aunque sea algo que tengamos prácticamente asumido en teoría, ¿cómo lo integrarán los emprendedores y los empresarios? Escasamente leemos o escuchamos planteamientos que apunten a que en un futuro una máquina sea capaz de «generar» esos negocios, es decir, crearlos desde el origen. A la hora de barajar y analizar miles de datos para decidir qué negocio es más viable en un momento concreto y para una necesidad concreta, podemos imaginar que una máquina será capaz de identificar y hacer un plan de negocio en menos tiempo que una persona. Eso supondría una ventaja competitiva importante en un momento futuro en el que las máquinas puedan absorber la fuerza laboral y ya sólo se precise la supervisión y la dirección. Ahora mismo, eso nos puede parecer complicado, pero la realidad es que tiene todo el sentido que, en un futuro, en el proceso de creación de los nuevos negocios, las máquinas no sólo tengan un papel importante, sino que tengan todo el papel decisivo en la construcción del plan, pues tendrían capacidad para conocer qué negocios realmente podrían funcionar y cuál sería la manera de llevarlos a cabo.

Llegados a ese punto, si el poder del emprendedor también ha caído en las garras de las máquinas, habría que empezar a plantear nuevas figuras impositivas. Y si llevamos esta lógica al extremo, y al igual que ahora el multiculturalismo ha supuesto un cambio a nivel global que afecta a quiénes son los que dirigen —en el Reino Unido, por ejemplo, gobierna ahora Rishi Sunak, de ascendencia hindú—, ¿por qué no podríamos pensar en unas máquinas que sean miembros de un parlamento y que, por tanto, puedan legislar a favor de ellas?

Esto último es, evidentemente, algo demasiado futurista o de ciencia ficción, pero ilustra bien el desafío que tenemos por delante y que puede generar un problema a la hora de legislar desde el desconocimiento de nuestras élites y nuestros gobiernos, que siguen anclados en soluciones del pasado y no aportan, en verdad, un modelo seguro y confiable para los ciudadanos y para las empresas. Crear una legislación y regulación al respecto para 2027, como ha hecho Europa, sin tener ni el mínimo conocimiento de lo que va a suponer la inteligencia artificial en ese mismo año, muestra a las claras que no estamos ante el mejor momento de desarrollo legislativo ni empresarial. Y eso deja bien expuesto el problemón sobre la legislación en general sobre el tema, y no sólo en Europa.

Debería haber primero un tejido empresarial que tenga todo el apoyo público para poder conocer las consecuencias que la inteligencia artificial va a tener. Habría que generar el caldo de cultivo adecuado para que puedan surgir negocios que puedan dar un salto en la economía, pero controlado desde el conocimiento. El problema es querer legislar sin tener el conocimiento ni las empresas adecuadas para ello. Así, lo que hay ahora es un proceso hecho al revés: legislación sin empresas; legislación por si alguna empresa se le ocurre hacer inteligencia artificial; legislación porque no tenemos ni idea de por dónde empezar a hacer un tejido industrial que tenga una base fuerte en inteligencia artificial. Así es Europa.

No deberíamos tener miedo a enfrentarnos a procesos de inteligencia artificial (IA) siempre que tengamos claro cuáles son los objetivos y en qué queremos que aporte valor, así como sabiendo de antemano que tendremos primero que dejar que fluya por el lado emprendedor todo lo que se pueda para poder darnos cuenta del calado y de la importancia de lo que estamos creando.

Uno de los ámbitos fundamentales donde se extenderá la IA será el de la salud. Hay que construir todo un mecanismo de desarrollo de biomedicina impulsado por la inteligencia artificial que nos permita dar un salto cualitativo en la respuesta al cáncer y a otras enfermedades. Eso no puede generar temores, sino sólo esperanzas. Para abordar eso no se necesita una ingente regulación previa, sino incentivos para que haya cada vez más empresas que puedan dar un salto adelante y tengan en Europa las condiciones necesarias para poder desarrollar su trabajo.

El otro punto fundamental que debemos afrontar, y que ya he comentado antes, es la industrialización a través de la inteligencia artificial. Ante ello no puede haber temores, porque sería como decir que es un peligro que haya un ordenador en la oficina. Debemos analizar, ver, aprender e intentar que mejoren las condiciones de vida gracias a un salto cualitativo en los empleos. Y no debemos tener miedo a que haya un cambio en la forma en la que trabajamos. El analista económico y divulgador tecnológico Marc Vidal decía que tenemos que tener el mismo miedo ante la IA (en sentido metafórico) que el que debieron tener los profesores ante la calculadora. Es decir, no debemos dejar que los supuestos riesgos que pueda tener la IA nos condicionen de entrada. En el fondo, todo tiene que ver con el riesgo que supondría un plan para tergiversar un avance tecnológico que puede ser muy positivo y hacer que éste nos deje en una situación de inseguridad y de una abusiva regulación generada por las élites y que les pueda permitir controlarnos más todavía.

Si acudimos a la inteligencia artificial con temor, reaccionaremos con miedo ante todo lo que ésta nos pueda aportar. Estaremos tan a la defensiva que tendremos la tentación de ceder a los Estados la misión de que nos protejan, en lugar de coger el toro por los cuernos y acercarnos a una nueva tecnología que nos puede traer un gran avance. Dejar de lado tal avance puede ser más peligroso que afrontarlo de manera decidida y convencida. No tengamos miedo a la tecnología, tengamos miedo de quienes pueden dirigirla e hiperlegislarla. Así que, intentemos cambiar la historia y hagamos que esa tecnología que viene sea propicia para crear una sociedad mejor. Hagamos que la inteligencia artificial juegue a favor de las personas y de la sociedad, y denunciemos aquellos intentos de hipercontrol que las élites nos puedan sugerir a modo de garantía para nuestra seguridad.

Volviendo al tema demográfico, si la inteligencia artificial consigue ayudar en el salto de una pirámide poblacional actual a una que no se comprime en la cúspide, entonces tendremos más opciones de tener una sociedad en el futuro basada en el crecimiento y en la sostenibilidad del sistema. No parece haber otro camino.

En España, la situación poblacional es dramática para los negocios y para las personas en general. En el gráfico 10.4 podemos ver cómo evolucionará el crecimiento vegetativo de la población en España; y vemos que habrá un aumento de las defunciones mucho mayor que el de nacimientos. Si vemos ese gráfico tomando cierta distancia, y sin tener en cuenta los datos históricos reales, pensaríamos que el futuro encierra guerras o períodos de enfermedades mortales. Pero no es así (o no lo sabemos), y, más bien, esas proyecciones muestran una caída histórica de los nacimientos debida a un cambio ideológico sobre cómo debe organizarse la sociedad y a un cambio en la moral sexual y el valor cultural dado a la reproducción humana (la maternidad y paternidad), sobre todo desde la década de 1980.

Gráfico 10.4. Crecimiento vegetativo de la población en España (2002-2071); datos hasta 2023, y proyecciones en adelante

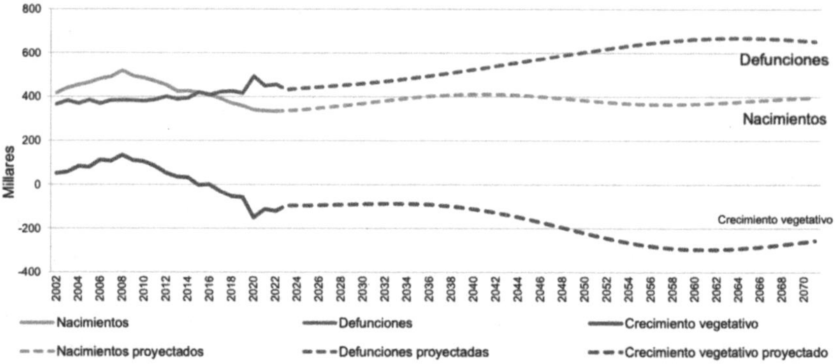

De ahí que vivamos ahora en un escenario muy diferente al del pasado, uno en el que los nacimientos descienden y en el cual sólo se puede cambiar la progresión demográfica mediante la extensión de la esperanza de vida (retrasando los fallecimientos) por la vía de la tecnología.

Gráfico 10.5. Pirámides de población de España (años 2022, 2052 y 2072)

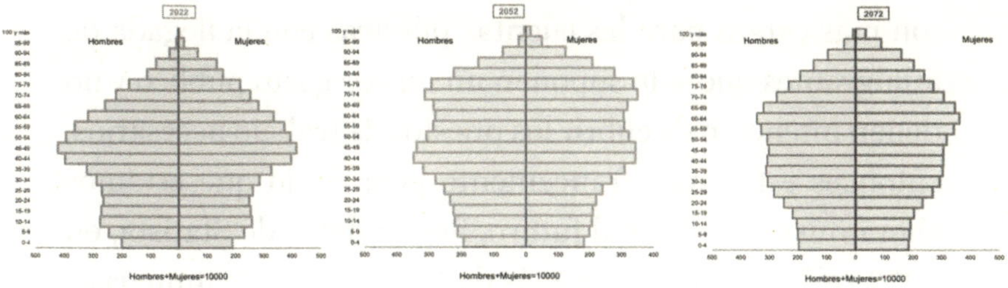

Fuente: INE.

El gráfico 10.5 muestra tres pirámides de población, la de 2022 y las proyecciones de 2052 y 2072. Al observarlas, debemos tener en cuenta otro de los factores fundamentales del desarrollo poblacional, que es el de las corrientes migratorias. Como dato, en 2021, España tuvo un saldo migratorio positivo de algo menos de 149.000 personas, el cual compensó el saldo vegetativo negativo de unas 113.000 personas. La cuestión es hasta qué punto España y Europa, en sentido amplio, pueden sobrellevar la tendencia vegetativa negativa sin la llegada de inmigración que permita compensar la pérdida de mano de obra que vamos a tener para poder mantener el sistema. Sin un crecimiento de la base de contribuyentes, no podrá mantenerse el sistema más allá de 2050. Después de 2030 tendremos serias dificultades para poder tener el sistema en pie, tanto en España como en Europa. El modelo no se sostiene tal y como está, y, sin una entrada de inmigrantes ordenada que permita cubrir los puestos de trabajo, la mano de obra disponible en Europa no será capaz de cubrir por sí sola los puestos de trabajo necesarios, al menos no sólo por la vía de la natalidad, marcada por ese saldo vegetativo negativo.

En el sentido de la inmigración, si lo que importamos son más cargas para las cuentas públicas con la llegada de inmigrantes que sólo suponen un mayor gasto público y no tienen intención de cubrir los puestos de trabajo necesarios, entonces estaremos francamente peor de lo que estamos ahora mismo de cara al futuro. Según datos de Statista, en 2022 residían en España más de 5,5 millones de inmigrantes, de los cuales sólo algo más de un 40 por ciento eran población activa (unos 2,6 millones de personas tenían un trabajo remunerado y legal).[8]

Como se observa en el gráfico 10.5, la pirámide para 2072 será francamente complicada en cuanto a su sostenibilidad. Y el sistema ya está tocado, ya está en situación de quiebra a medio y largo plazo. Sobre todo si no se abre un debate serio sobre cómo se puede llevar a cabo la sostenibilidad del modelo.

El gráfico 10.6 muestra que el número de pensionistas sólo ha hecho que despegar, pero que la tendencia es salvaje. Con cerca de 9,2 millones de pensionistas en noviembre de 2023, frente a los 7,3 millones de 2005, tal dato muestra que el sistema necesita cada vez más recursos. Y, además,

8. Véase: <https://es.statista.com/estadisticas/511868/evolucion-del-numero-de-ocupados-extranjeros-en-espana/>.

hay que considerar cómo son las pensiones y cuánto dinero recaudamos para atenderlas.

Gráfico 10.6. Evolución del número de pensionistas en España

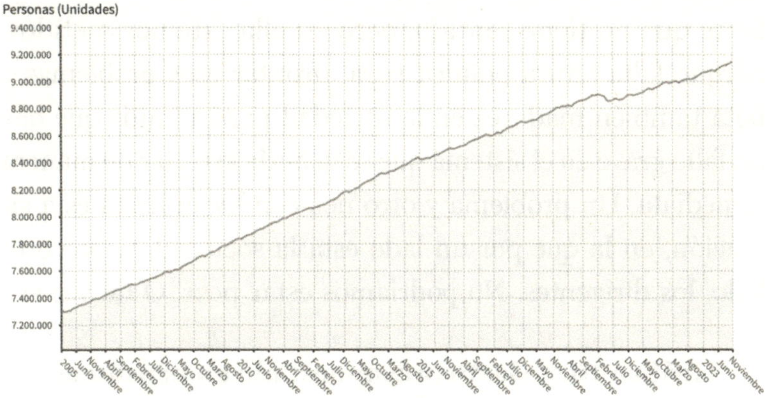

Fuente: Ministerio de Empleo y Seguridad Social de España (vía Europa Press, <www.epdat.es>).

Esto último lo ilustra el gráfico 10.7, cuyas cifras no sólo son elocuentes, sino vertiginosas. Como la revalorización de las pensiones sigue a un ritmo mayor que el de la mayoría de los salarios, tenemos un acentuado aumento del coste. Y es que, piensa una cosa, los pensionistas son votos; y, por tanto, son un elemento político clave, aunque su mejora no se pueda pagar a futuro. Pero, en el presente, son claves.

Mira el gráfico 10.7 y verás que la cifra del gasto en pensiones ya está acercándose a los 200.000 millones de euros. Y lo peor es que, igual que vimos en el gráfico 10.6, esto sólo va a empeorar. O bien hay una buena segunda parte del Pacto de

Toledo, o bien este modelo está tocado de muerte. Pero nadie quiere abrir esa caja de Pandora que significa plantearle a los ciudadanos que este modelo se ha hecho mal, y nadie quiere asumir los costes de tomar decisiones que no gusten a los votantes. Si los gastos aumentan, pues ya se subirán los impuestos, mientras la economía lo permita. Es una huida hacia delante que no tiene sentido, pero en ella estamos metidos, porque falta altura política para afrontar esos problemas y falta también madurez en la sociedad para admitir que hay un fallo grave en el sistema que se debería arreglar de manera inmediata. Un problema y otro nos conducen hasta esta situación, en la que por un lado está la sociedad, y, por otro lado, los dirigentes. No podríamos estar peor. O tal vez sí...

Gráfico 10.7. Gasto presupuestado en pensiones en España (1996-2023), en Presupuestos Generales del Estado

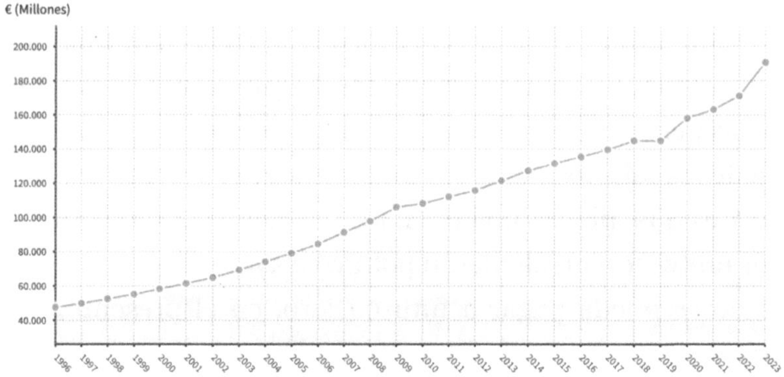

Fuente: Ministerio de Hacienda (vía Europa Press, <www.epdata.es>).

Los gráficos 10.8 y 10.9 nos señalan que la caja se vacía y que no hay muestras de que pueda llenarse nuevamente.

La evolución del Fondo de Reserva de la Seguridad Social nos relata el drama en el que estamos en España. No hay dinero para pagar las pensiones. Podemos ir trampeando, podemos seguir saliendo del paso gracias a la buena marcha puntual de la economía o a un aumento de los impuestos que siguen pagando empresas y ciudadanos, pero la imagen que nos queda es la de una economía que está contra las cuerdas a la hora de ver cómo puede reaccionar en un futuro cuando las cosas no vengan bien económicamente y tampoco haya reservas en la caja para poder pagar el aumento de pensionistas a partir de 2030. El problema es salvaje, y las soluciones brillan por su ausencia.

Gráfico 10.8. Evolución del Fondo de Reserva de la Seguridad Social en España (situación a 31 de diciembre de cada ejercicio, salvo en 2018 y 2019)

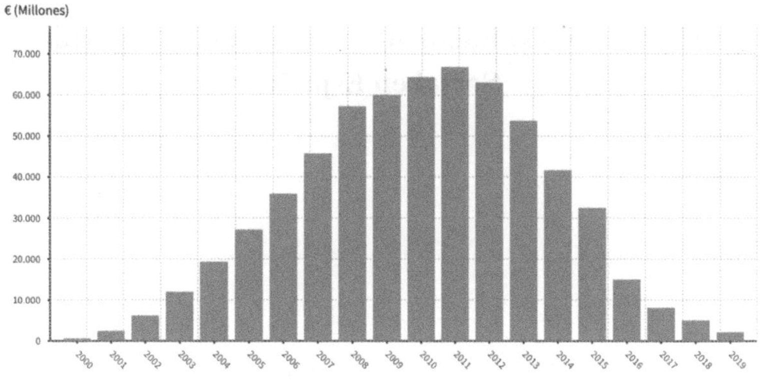

Fuente: Ministerio de Empleo y Seguridad Social (vía Europa Press, <www.epdata.es>).

En España, desde 2011, la caída de la caja (el Fondo de Reserva) debería estar alertando al gobierno y poniendo en alerta también a Europa sobre los problemas que podemos tener a medio plazo, o hasta a corto plazo, si las cosas se tuercen pronto.

Da miedo. Simplemente es terrorífico ver que tenemos delante una enorme burbuja de deuda que asciende cada año con la potencia que vemos en los gráficos, junto con la dramática disminución del Fondo de Reserva y con la imposibilidad de trazar un plan claro que permitan que las pensiones sí estén garantizadas en un futuro. No hay peor política en torno a las pensiones que dejarse ahora la hacienda para, en un futuro, no poder pagarlas. De nada nos sirve subir esas pensiones según el IPC si no podemos pagarlas en el corto y medio plazo, porque el sistema no será sostenible. Pero volvemos a jugar al *carpe diem* económico, y no encontramos una solución factible al problema.

Gráfico 10.9. Evolución de la deuda de la Seguridad Social en España

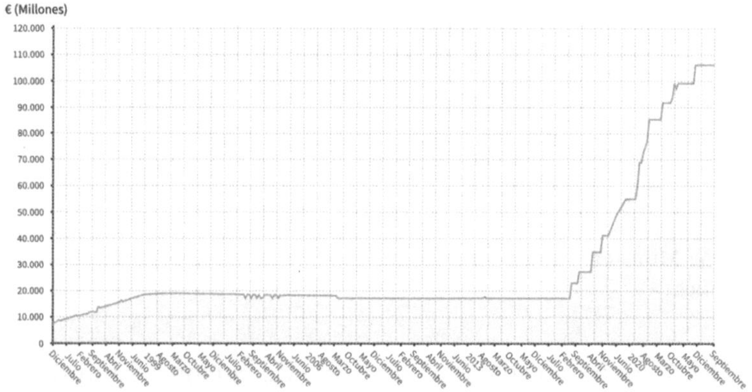

Fuente: Banco de España (vía Europa Press, <www.epdata.es>).

Y, mientras tanto, la deuda de la Seguridad Social está completamente disparada (véase el gráfico 10.9), sin freno y sin posibilidad de encontrar un punto de retorno.

El reto demográfico es tan importante como los que hemos visto con anterioridad, o incluso más. Sin una planificación real de lo que va a pasar con la mano de obra y con la tasa de reemplazo, nada podemos hacer. En cuanto a esto, volvemos a tener la sensación de que los gobiernos nos toman el pelo y de que no están a la altura de las circunstancias. Hay que tomar decisiones rápidas y valientes, porque, de otro modo, perderemos definitivamente la opción de tener un modelo sostenible a futuro. Y después lamentaremos los mensajes de los políticos actuales sobre lo que está sucediendo y su falta de decisión a la hora de tomar un rumbo viable para el conjunto de la sociedad.

Los ciudadanos no son conscientes porque no se les ha explicado, ni siquiera mencionado, los riesgos y los problemas enormes a los que nos conducen. Y es cierto que hay que quitarles una parte de la carga a los ciudadanos, porque la maquinaria y el discurso de las élites impiden que les llegue la preocupación real que deberían tener. Pero también es urgente que se les dé a los ciudadanos las herramientas para que puedan construir unas sociedades libres y críticas con el poder, no adscritas al político de turno, sino a los intereses del conjunto de la sociedad. Y esto último parece ser algo que no interesa a las élites y a los gobiernos.

El factor demografía es algo que hay que tener muy en cuenta, porque hay que afrontar de manera urgente todo lo que se ha dejado de hacer en las últimas décadas. Y hay que dar un giro rápido a las políticas de natalidad, sobre todo en

España, donde están completamente escoradas y deberían ser el centro de gran parte de las políticas sociales, por no decir de todas. Se necesita más natalidad, más inversión y más «dividendo generacional» de verdad con la inversión en nuevas generaciones que puedan llevar a cabo toda la ardua tarea que tendremos por delante a finales de este siglo XXI.

Como último apunte en este capítulo, quiero hablar de la última salvajada en esta materia: la teoría del decrecimiento poblacional. Esa teoría señala que ha llegado el momento de tener más recursos para todos porque somos menos. Pero es una teoría profundamente egoísta que sólo apunta a que sobran ciudadanos y a que debemos ser «responsables» para poder reducir la población y darle continuidad al planeta —como si el planeta fuera un ser humano o un ente que esté por encima de los ciudadanos—. Esto viene asociado con la «nueva religión» centrada en los recursos naturales, una religión en la que sólo faltaría un dios del Sol, uno del Viento, etcétera. Hablo de todo ese movimiento neomalthusiano que propone ahora que debemos poner el planeta por encima de los seres humanos y que debemos limitar la cantidad de seres que habitamos para no seguir socavando los recursos.

En el gráfico 10.10 (con datos hasta 2019 y proyecciones en adelante, hasta 2100) se observa que se espera un movimiento de decrecimiento en breve que frenará el aumento poblacional acelerado vivido desde al menos mediados del siglo XX. El siglo XXI es el siglo del avance tecnológico, pero también será el siglo en que viviremos una reducción de la tasa de incremento de la población mundial. ¿De qué nos sirve la tecnología si tenemos que irnos del planeta porque sobramos? Es una aberración intelectual repetida y repetida constantemente desde hace tantas décadas que no suena a nueva, pero que ahora sí ha cogido cuerpo al implementarse y concienciarnos de que hay que hacer una purga poblacional. Y eso se divulga bajo la excusa de que, si no la hacemos de manera libre y por nosotros mismos, nos la hará el planeta.

Gráfico 10.10. Crecimiento de la población mundial (1700-2100)

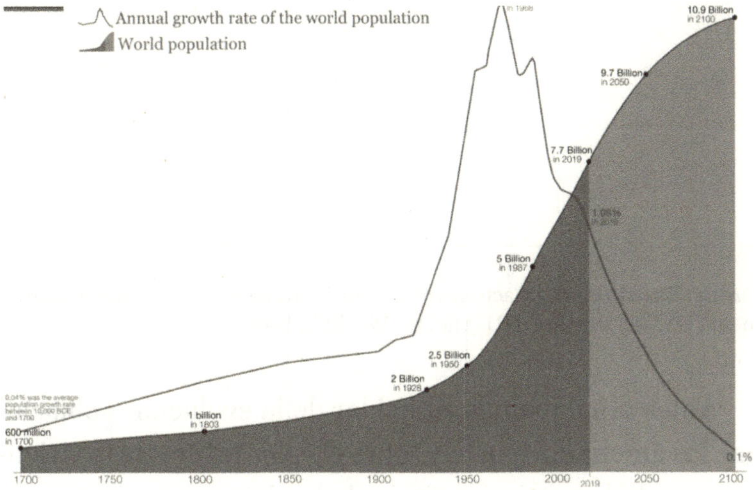

Fuente: Our World in Data, con datos de History Database of the Global Environment (HYDE), la ONU y la División de Población de la ONU (revisado en 2019).

En el gráfico 10.11 puedes ver cómo ha evolucionado la población en el mundo desde hace 12.000 años; y ahora parece que se nos dice que hemos de aplicar un freno de mano a todo para volver a reequilibrar un mundo que las élites quieren para sí mismas; es decir, un mundo donde haya más recursos y menos población. Cuidado con la teoría del decrecimiento poblacional, pues entraña un peligro enorme.

Gráfico 10.11. Evolución del tamaño de la población mundial en los últimos 12.000 años

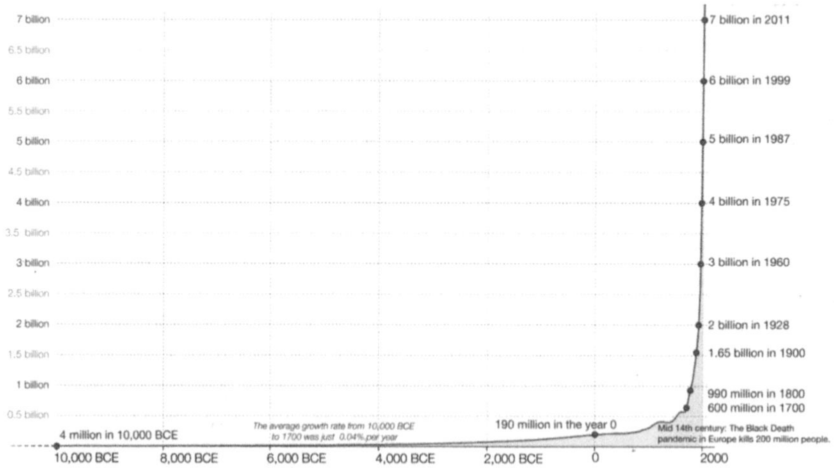

Fuente: Basado en estimaciones de History Database of the Global Environment (HYDE) y de la ONU (vía Our World in Data).

Antes señalábamos, al hablar de la evolución poblacional, las amenazas que hay sobre el valor futuro de la vivienda, uno de los activos refugio de los inversores que puede sufrir en sus valoraciones a largo plazo. De entrada, ya tenemos un problema de escasez de vivienda en el presente, pero es peor si observamos la cuestión a largo plazo respecto a una serie de activos que pueden cambiar su valoración de manera agresiva. Si no hay población extra, es decir, si hay una caída poblacional en el medio plazo, ¿cómo podemos valorar en la misma proporción los activos inmobiliarios? Aquí radica uno de los aspectos que tampoco nos están diciendo sobre cuál va a ser la evolución futura en un entorno de menor valor por la ausencia futura de suficientes compradores.

Ahora mismo, la situación es la contraria: hay escasez de vivienda, pero no hay escasez de compradores a largo plazo. Es decir, en el mercado inmobiliario hay abundancia de compradores (demanda) y escasez de vivienda construida (oferta). Pero ése no es el modelo que vamos a ver a largo plazo. Lo que vamos a ver en un futuro (no muy lejano) es cómo el modelo demográfico que ahora estamos analizando como en declive llevará a una abundancia de vivienda y a una escasez de población que quiera adquirir esas casas.

Si eso termina por producirse así, como todo parece indicar, ¿qué estamos haciendo con la valoración de nuestro patrimonio? ¿Y cómo afecta una amortización en negativo del valor del bien? Es decir, si el valor del bien del que disponemos, en lugar de crecer, tiene una tendencia negativa, con el paso del tiempo perderá valor. Así, en un futuro, ¿hasta qué punto podríamos plantearnos una hipoteca inversa si la necesitáramos? ¿Sobre qué valor menguante del bien? En resumen, quizá deberíamos empezar a plantearnos diversificar esos ahorros que ahora pensamos que están seguros en inmuebles y destinarlos a otros productos.

Por todo lo anterior, el modelo de reducción poblacional debería ser planteado de una manera más transparente para que todos los ciudadanos puedan analizar cómo les va a afectar en el medio y largo plazo y poder actuar en consecuencia. No es un problema menor para la forma de ahorrar y de planearse el futuro. Si el activo tipo en el que invierte gran parte de la población para protegerse en un futuro no tiene el recorrido esperado, más vale saberlo pronto. Si el riesgo viene por factores exógenos, entonces, el ciudadano debería tener toda la información y también poder discutir socialmente sobre el asunto demográfico con la mirada puesta en el bolsillo y en el futuro.

11

El dólar ante la amenaza del petroyuán: ¿desdolarización del mundo?

Uno de los factores clave para el futuro posicionamiento geopolítico está en el dólar. En estos años nos preguntamos si hay opción de que un mundo dividido pueda acabar con la divisa estadounidense en el medio o largo plazo, ya que en el corto parece imposible. Y una política mundial de bloques puede socavar uno de los pilares económicos de las últimas décadas, casi el último siglo: el dólar, que ha sido uno de los elementos transversales de la economía en el siglo XX y el inicio del siglo XXI. Hasta ahora, su poder no se ha visto amenazado de manera significativa en el mundo. Otras monedas han ido compartiendo el valor de reserva que tiene el dólar, pero ninguna ha tenido ni una mínima opción de sustituirlo o de crearle una cierta sensación de peligro.

También es cierto que la posición de dominio de la economía de Estados Unidos durante el siglo XX y lo que llevamos de siglo XXI no ha estado en entredicho antes. Pero ahora sí, aunque los estadounidenses tienen mucho que decir para que su dominio se desvanezca o no. Ahora tenemos una economía china que viene con fuerza hacia el *sorpasso* económico y que quiere generar un área del mundo que haga negocios con China y en su moneda. Eso, que es un cambio fundamental, choca con el valor y las posibilidades de su moneda oficial, el renminbi (RMB), cuya unidad de cuenta es el yuan (con los símbolos CNY o CNH, dependiendo de si se usa en China o en transacciones internacionales). Si no podemos usar el yuan como valor de refugio porque está intervenida, entonces, el dólar no peligra en este entorno, pero, si China liberara y pensara en competir de manera seria con Estados Unidos por el valor refugio de su moneda, en ese caso podríamos analizarlo de otra manera.

Tanto la moneda china como la fuente de energía que es Arabia Saudí y el resto de los países de la OPEP tienen una baza importante que jugar. La creación de los petroyuanes puede ser un elemento clave para transformar este modelo. Ahora mismo, el petróleo se paga en dólares estadounidenses, con pequeñas excepciones, como las compras que pueda hacer China u otros países de su órbita, o bien Rusia y las compras alrededor del crudo ruso. Si hubiera una profundización de los países de la OPEP en esta estrategia a gran escala y no sólo en contratos o acuerdos bilaterales, podríamos estar en otro escenario diferente. Pero tal escenario tampoco sería suficiente como para acabar con el dólar, ya que, como apunta la Agencia Internacional de la Energía (AIE), la OPEP sólo controla el 51 por ciento de la producción de petróleo en la actualidad.

El elemento monetario que más podría complicar la hegemonía del dólar a largo plazo es el bitcoin. Si viviéramos una crisis que pusiera en duda el valor del dólar a través de una gran crisis de deuda, entonces sí podríamos vivir un cambio importante en cuanto al comportamiento monetario internacional. Si, como decía Kiyosaki (véase el capítulo 6), puede producirse una crisis que deje el dólar prácticamente sin valor, al considerar que la deuda de Estados Unidos pesa directamente sobre su valor, entonces, el oro y el bitcoin (y sobre todo el bitcoin) serán los valores refugio preferidos. Es complicado entender cómo se podría hacer una transición monetaria en un evento de crisis de deuda, pero parece ser la posibilidad más clara para que el dólar pueda perder su dominio. Otras razones no tendrían tanta fuerza de cambio como un evento de deuda de este cariz.

Pero eso lo controlan los bancos centrales. De ahí que, hasta la llegada del dólar digital, los banqueros centrales deben tener controlado el sistema para que no se tuerza por la vía de la banca comercial y pueda provocar una ruptura de todo el modelo. Cuando lleguen las monedas digitales de los bancos centrales (CBDC), los bancos centrales sí tendrán todo controlado para poder hacer uso de los mecanismos de política monetaria moderna, que irán alineados con ese formato digital. Y podrán jugar con el dólar digital para poder establecer los cauces de una recuperación monetaria o para poder implementar un cambio de rumbo que pueda atajar un futuro evento monetario sobre la base de una moneda digital.

Pero ahora mismo esa opción no es posible, y la realidad es que el dólar aguanta fuerte sobre la base de una economía estadounidense y de una globalización que le beneficia. En el gráfico 11.1, de la cotización del dólar, puedes ver cómo el billete verde ha tenido mejores momentos, pero también ha vivido momentos de dudas. Pero siempre las fases complicadas han venido de la mano de las crisis, o financieras, o de fallas del sistema.

Gráfico 11.1. Cotización del índice del dólar desde 1967

Fuente: Trading View.

De ahí que veamos que el punto fundamental está en la relación entre cómo la crisis impacta en el conjunto de la economía y el consiguiente golpe que pueda encajar el dólar. Si el sistema aguanta con fuerza, el dólar hace de pilar de contención que ayuda a que no se desvirtúe el entorno. Crisis es igual a pérdida de poder del dólar, ya que esta divisa se basa en la continuidad de la hegemonía de Estados Unidos y de un sistema que se mantiene sobre la base de su poder.

China y los petroyuanes vienen a atacar ese *statu quo* de

manera directa. Antes, ni siquiera la entrada del euro fue capaz de cambiarlo. Con el paso del tiempo se ha demostrado que el euro sólo es una muleta para el dominio del dólar. No puede ponerle freno y no puede actuar como una moneda que pueda hacerle daño. Por las mismas razones que el dólar se mantiene arriba, el euro no puede atacarle. Su debilidad y poca capacidad para ser una alternativa a la divisa de Estados Unidos es la clave fundamental que hace que Europa no pueda proponer ni llevar a cabo una alternativa que pueda reducir el poder del billete verde. Por eso, Estados Unidos nunca vio con malos ojos la aparición de la Unión Europea y de la moneda común, el euro.

Lo que le preocupa a Estados Unidos es la creación de un bloque de contrapoder que pueda hacer daño a su hegemonía. Precisamente porque ese bloque de contrapoder, si tiene los suficientes aliados detrás, puede contraponerle su propia moneda. Y ahí está el gran peligro que le puede dar China, junto con Rusia. En los últimos años, desde que estalló la guerra de Ucrania, se ha visto cómo lo que tenía fuerza no era la unión monetaria de los europeos, sino que lo que genera daño es un bloque que pueda atraer operaciones comerciales en paralelo al sistema.

Lo que no sabíamos los europeos es que, para que haya una desdolarización de la economía mundial, antes debería haber una «deseurización» de la economía global. Y, con el establecimiento de los nuevos bloques, eso ya se ha empezado a producir en el sistema de pagos SWIFT.[9] En el gráfi-

9. Siglas de Society for Worldwide Interbank Financial Telecommunication.

co 11.2 se detalla de manera muy clara cómo el euro ha caído de manera fuerte contra el comercio que China y, en menor medida Rusia, pueden imponerles a determinados países para cerrar acuerdos comerciales.

Gráfico 11.2. Porcentaje de pagos en euros en el sistema SWIFT

Fuente: Bloomberg.

El retroceso, que ha sido bastante fuerte, refleja que el camino del ataque no es directo desde los petroyuanes al dólar, sino al euro. Por ser una barrera más fácil de derribar, el euro es el que está teniendo las pérdidas de la batalla por la hegemonía entre Estados Unidos y China/Rusia.

¿Puede el mundo olvidarse del dólar? Ahora mismo parece bastante improbable. No debería Estados Unidos tener más miedo que el de un *sorpasso* a su economía; y, a muy largo plazo, tal *sorpasso* podría como resultado que el yuan sea la nueva moneda dominante. Pero el desenlace de este asunto es algo que nos lo fían muy largo. Ahora mismo, ni

China tiene el poder para derribar el control económico de Estados Unidos ni el yuan tiene la estructura de libertad y de fortaleza necesaria para que pueda derribar los muros que han mantenido en pie la moneda estadounidense.

Pero sí es cierto que el dólar está dando signos mixtos respecto a la alternativa que China está ofreciendo a distintos actores para poder hacer acuerdos comerciales con ellos. Si el sistema SWIFT de pagos internacionales está controlado por Estados Unidos y puede ser un problema a medio y largo plazo para China, entonces, ellos saben que hay que marcar una alternativa. Y China lo ha hecho durante el tiempo que dura ya la guerra de Ucrania, como momento inicial, para poder darle a Rusia la salida que estaba buscando. China y Rusia o China y Arabia Saudí no necesitan hacer sus contratos comerciales en dólares, Europa sí lo necesita. China no necesita comprar el petróleo en dólares a Arabia Saudí, pero Europa sí.

De ahí que tengamos como elemento fundamental que China sí puede ser una alternativa, pero no puede ser quien aseste el golpe económico al dólar. No tiene fuerza para ello. El yuan puede jugar a ser la principal moneda para los acuerdos bilaterales, pero no puede ser una alternativa real que acabe con el dominio del dólar. Todo ello es muy importante, porque China no podrá alcanzar la hegemonía económica, aunque sea la economía más grande, si no puede imponer su moneda. Esto lo entendió muy rápido Estados Unidos cuando hizo el *sorpasso* al Reino Unido en el inicio del siglo xx. En aquel entonces, las libras pasaron a perder toda su fortaleza. Y, aunque fue poco a poco, fue un cambio rápido. El aura del dólar apareció muy pronto y posibilitó que Estados Unidos le hiciera ver al mundo que estaba allí, que era la primera potencia económica y mucho más en el mundo.

China no parece tener tan fácil conseguir ese movimiento, y Xi Jinping lo sabe. Pero también conoce que cuenta con algo fundamental, pues China es quien hace de gran prestatario del mundo gracias a sus superávits históricos en las últimas décadas. Si esa gran cantidad de dinero prestado se convierte en una toma de poder, podría darle una fuerza mayor al yuan. Pero eso sólo se produciría en un caso: una crisis de deuda.

Como ves, volvemos al mismo punto sobre el que hemos estado rotando durante los últimos capítulos. En una crisis de deuda, China sí tiene la fuerza para poder apretar a los prestatarios con un cambio de contrato que relaje las condiciones del préstamo a cambio de un cambio de moneda que se toma. Eso sería una jugada maestra de China que cambiaría el orden mundial y pondría a su economía en una situación de privilegio como no se habría imaginado en el medio plazo Xi Jinping.

Es importante entender que los países pueden acordar aceptar la moneda del otro en sus transacciones bilaterales, como han hecho, por ejemplo, Bangladesh e India. También pueden acordar aceptar la moneda de un tercer país, como pactaron Bangladesh y Rusia, que recurrieron al yuan para liquidar préstamos con el fin de evadir las sanciones occidentales sobre Rusia. Arabia Saudí ha comenzado a aceptar el yuan en sus ventas de petróleo, y también Brasil y China han anunciado recientemente planes para comerciar en renminbis. Los países BRICS (Brasil, Rusia, India,

China y Sudáfrica) hacen planes para una nueva moneda (a la que se podrían adherir otros países), e incluso Brasil y Argentina quieren comenzar a utilizar una nueva moneda, llamada «sur», en su comercio bilateral.

Pero ¿cómo está el dólar? Según el FMI, a finales de 2022, las reservas mundiales en dólares ascendían al 58,4 por ciento del total, con el euro en un segundo lugar (20,47 por ciento), el yen japonés en tercero (5,51 por ciento) y el renminbi chino (el yuan) en quinto, con un 2,69 por ciento. Según Bloomberg, en 2001, las reservas de divisas en dólares eran el 73 por ciento del total. Por lo tanto, es cierto que la participación del dólar estadounidense ha bajado, pero en favor de otras divisas occidentales, como el euro, el franco suizo, el dólar canadiense y el dólar australiano. No parece que eso haya hecho mucha mella en el poder económico de Estados Unidos.

Además, hay que tener en cuenta que China y Rusia no dejan operar libremente; no permiten que sus ciudadanos nacionales transfieran libremente sus fondos al exterior. Y, en cuanto al comercio internacional, hay que considerar que Arabia Saudí puede estar recibiendo los pagos por su petróleo en yuanes. Y hay que reconocer que eso puede acabar con el modelo de mundo que teníamos hasta ahora. Pero ¿qué hará Arabia Saudí con sus importaciones? ¿Podrá hacerlas con yuanes o recurrirá al dólar? Pues parece que tiene que recurrir al dólar. De tal manera que su intento de cambiar las cosas choca con el poder cambiar las cosas. Porque Arabia Saudí necesitará dólares para pagar esas importaciones. Y lo peor es que, en las estructuras modernas, siempre se necesitará una moneda aceptada por todos, y esa moneda en un porcentaje amplio es el dólar, no el yuan ni el euro. Diferente sería que el bitcoin pudiera ser esa solución, que todavía parece lejana..., muy lejana.

Lo que pasa es que la mancha de la influencia de China es cada vez mayor, y ello está llevando a que muchos analistas señalen que la influencia es sinónimo de poder a la hora de imponer la moneda con la que se hacen las transferencias. No es lo mismo comprarle a China productos de bajo nivel que comprarle a China todo lo necesario para hacer la transición verde. No es lo mismo comprarle productos de bajo nivel que ver cómo la industria de la automoción deja de tener su mayor peso en Alemania para pasar a tenerlo en las empresas del gigante asiático.

A este respecto, Estados Unidos, en su ánimo de ser potencia única, está consiguiendo que Europa pierda tanta fuerza que, aunque pueda quedar entre las dos potencias, estará sin fuerza para poder afrontar la transición energética y económica hacia la inteligencia artificial; es decir, que Europa tendrá que depender de otros y, por tanto, no podrá ser lo que fue en el pasado. Pero a China y al supuesto futuro proceso de desdolarización le viene muy bien tener un primer paso de asalto al poder monetario en el que se juega la partida mundial. Y Europa es una buena primera piedra de toque. En el gráfico 11.3 se muestra cómo va avanzando China como primer país que tiene negocios en más áreas en el mundo. Los mapas de ese gráfico ilustran muy bien algo que no tiene controlado Estados Unidos en este terreno, así como que el ascenso del gigante asiático es un hecho prácticamente palpable.

Gráfico 11.3. ¿Quién es el principal socio comercial? ¿China o EE. UU.?

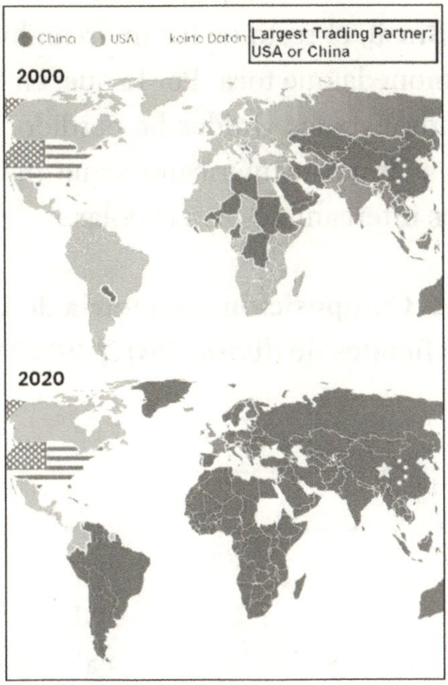

En veinte años hemos pasado de un mundo de dos en las relaciones comerciales internacionales a un mundo dominado casi en exclusiva por China, y en el que toda su fuerza se refleja en la economía y en la necesidad del resto del mundo de tenerle como socio para poder cumplir con su crecimiento y sus desafíos comerciales.

Pero, como verás en el gráfico 11.4, esto no ha cambiado tanto como para que el dólar de Estados Unidos haya perdido su fuerza en los intercambios comerciales y como moneda de reserva. Porque las imágenes del gráfico 11.3 no significan que todos los pagos de la zona con mayor influencia de China se hagan en yuanes o en otra moneda que no sea el dólar. Además, sólo los intercambios con China en zonas como Brasil o Rusia se pueden hacer en yuanes. Pero, en la propia Brasil, el resto de los intercambios se van haciendo en la moneda que toca. Por lo que, en la mayoría de las zonas donde Estados Unidos ha perdido la hegemonía comercial, el país norteamericano sigue manteniendo la mayoría de los intercambios con el dólar.

Gráfico 11.4. Composición monetaria de las reservas oficiales de divisas (2017-2022)

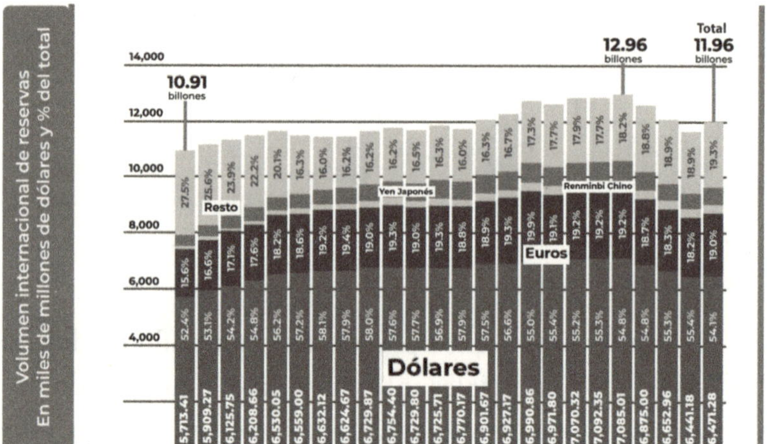

Fuente: Fondo Monetario Internacional (FMI).

En efecto, por lo que respecta a las reservas mundiales de divisas, la fotografía no ha cambiado casi nada desde 2017, pese a todo lo que estamos analizando sobre el ascenso de China en las relaciones comerciales. Lo que tira por tierra el auge que podría tener China en el lado comercial es la reserva de divisas. En esto, China no consigue cambiar el marco histórico que existe desde después de la Segunda Guerra Mundial, y eso sí imposibilita el ascenso de su moneda; máxime si vemos que no consigue tener ni tan siquiera una posición dominante que le lleve a que el resto de los países tengan que dar un paso adelante para tener reservas chinas.

El gráfico 11.4, del FMI, muestra de manera muy evidente cómo Estados Unidos puede reducir la presencia global en la que es dominante, pero el dólar no da un paso atrás en el supuesto valor de reserva que le dan los países.

Según indica J. P. Morgan, el uso del dólar como moneda de reserva ha caído un 6 por ciento desde 2015. No obstante, casi el 90 por ciento de las transacciones a nivel mundial se realizan en dólares, y esa moneda representa casi el 60 por ciento de las reservas de divisas de los bancos centrales, según el Banco de Pagos Internacionales (BIS, por sus siglas en inglés) y el Fondo Monetario Internacional (FMI). En contraste, los contendientes abarcan fracciones mucho menores: el euro tiene en torno al 20 por ciento de las reservas de divisas, y el incipiente yuan (o renminbi) chino, tan sólo un 2,7 por ciento.

Desdolarizar en el corto plazo parece algo imposible. Y hacerlo a medio plazo parece también muy improbable. Ahora bien, ¿se podrá desdolarizar a largo plazo? Pues, ¿quién sabe? Todo es posible en la vida. Pero nos están vendiendo un cuento que no se va a producir con el sistema actual ni sobre la base de un camino lento y unidireccional.

Sólo una crisis de deuda, un evento difícil de resolver por parte de Estados Unidos, puede cambiar los tiempos.

O, por supuesto, puede producirse un problema geopolítico que cambie el orden de una manera abrupta, como le pasó también al Reino Unido y la libra. De ahí que vaya a ser tan importante estar monitorizando el aspecto geopolítico en la próxima década. El elemento clave de desestabilización lo tiene controlado Estados Unidos con una política exterior que busca impedir que estalle en cualquier momento un posible conflicto que pueda llegar a ponerle en peligro en su propio territorio.

El dólar puede hacer el trabajo económico, pero la parte geopolítica es más difícil de abordarla desde la Reserva Federal y la política monetaria. Por ello, Estados Unidos debe intentar que haya un control de esa posible escalada bélica, y que cada movimiento, como si fuese tectónico, no impacte directamente en territorio estadounidense, sino que quede bien alejado y esté cerca de los entornos donde puede haber una cierta oposición a Estados Unidos. El problema es que parece un equilibrio demasiado escaso, y eso puede conllevar aumentos de tensión tan grandes que se podría echar todo a perder, desde el punto de vista de los intereses de la primera potencia del mundo.

Quien quiera poner en peligro la hegemonía del dólar va a tener que adoptar una vía que no sólo es económica o monetaria. Pero eso requiere de una planificación brutal y de un riesgo enorme para quien quiera asumirlo. No estamos ya en la época de los bárbaros contra Roma. Ahora, un error grave a la hora de planificar eso puede conllevar tirar al traste todas las opciones que pueda intentar implementar China o, en su defecto, Rusia para poder tomar una posición de fortaleza frente a Estados Unidos.

En cuanto a lo que se está jugando en materia monetaria, siempre cabe la duda de cómo el bloque de China podría reforzar su posición frente a Estados Unidos para lograr el objetivo de asaltar no sólo el primer puesto económico, sino también el de potencia hegemónica. Y ahí China vuelve a toparse con la cuestión del oro. Si quiere asaltar todo eso, China debe intentar imponer un nuevo orden que dé seguridad al conjunto del sistema. Pero nadie está preguntando o mostrando dudas sobre el sistema. Por ello, resulta difícil que podamos encontrarnos en un momento en el que China pueda ofrecer una alternativa solvente sobre la base de una moneda relacionada intrínsecamente con el oro y que dé tranquilidad a todas las partes de la economía.

Volvemos al mismo punto: sin evento crediticio que golpee directamente al dólar, no parece que se vaya a producir tal asalto por la hegemonía. El conjunto del sistema no duda del dólar, y tendría que tener constancia de un problema que ponga en duda todo y cuyo elemento distorsionador fuera directamente el dólar. Y eso sólo se puede producir si hay un impacto a través de un evento, como una gran crisis de deuda. El modelo de 2008 con la crisis financiera no puso en peligro el sistema basado en el dólar, sino que sirvió para empezar a planificar un mundo de monedas digitales en el que los bancos centrales tienen más poder.

Todo nos conduce a los mismos caminos. Todo nos lleva al mismo punto. El modelo, si es estable, no puede producir lo que estaría buscando China para apuntalar su modelo alternativo. O hay inestabilidad y cambio, o hay choque y reconstrucción del modelo, o hay un evento que ataque a la esencia del dólar como instrumento que dé seguridad...

O bien todo eso pasa, o bien China y, en su caso, también Rusia no podrán poner en marcha una desdolarización que de verdad sea capaz de poner en jaque a Estados Unidos.

La desdolarización es una utopía de nuestro tiempo. Es un elemento que maneja quien sueña con un mundo diferente, un mundo con un estado de cosas que Estados Unidos no está de acuerdo en que se llegue a producir. O es por la fuerza, o el dólar seguirá siendo el rey imbatible. Pero es cierto que a largo plazo puede haber variables aún desconocidas.

12

El modelo capitalista y el liberalismo ante el nuevo avance de las economías planificadas

Este último capítulo aborda el tema clave sobre el que han girado el resto de los capítulos del libro. Desde la parte geopolítica hasta el dólar y el proceso utópico de quebrarlo para establecer un nuevo modelo, todo gira alrededor de un modelo de capitalismo y liberalismo frente a las economías planificadas. Si bien es verdad que el mundo ya no se divide entre comunistas y capitalistas, no es menos cierto que el mundo está empezando a dividirse a medida que el capitalismo da muestras de estar dando sus últimos coletazos tal y como lo conocemos. La llegada de la inteligencia artificial y un nuevo modelo de empleo van a llevar al modelo actual a una confluencia con el modelo que han ido desarrollando las economías planificadas.

Es insostenible para Occidente un modelo en el que la naturaleza del trabajo va a cambiar y la cantidad de puestos de trabajo va a disminuir, porque la base de todo el modelo vigente desde hace más de doscientos años no tendrá fundamento. Primero, para alcanzar el modelo al que vamos a ir con la inteligencia artificial, necesitamos de una planificación y de un proteccionismo unido a una desglobalización sin precedentes. El comercio mundial ya ha caído un 5 por ciento en el último año, pero ahora se espera un cambio más radical. Se necesita un cambio proteccionista que va a modificar una buena parte de las cuestiones clave que han movido el mundo en los siglos XX y XXI. Y ese cambio va unido a un ataque a la base del capitalismo. Ahora ya se percibe que el nuevo modelo necesita planificación. Y esto último lo hemos ido exponiendo poco a poco en el libro: planificación y orden para una transición energética sin precedentes; planificación para conseguir la descarbonización en 2050; planificación y orden para llegar a los objetivos del planeta de 2030.

No nos hemos dado cuenta de que el modelo de planificación ya ha llegado. Cuando nos queramos dar cuenta veremos que el modelo capitalista de competencia, de pelea global y de aportar sobre la base de la competitividad entre actores ya ha terminado. Ahora, todos quieren planificar. Todos quieren competir con China con las mismas armas que China. Todos quieren tener claro cuál es el plan para los próximos años. Y los que no lo están haciendo ven cómo su economía se estanca o decae frente a las del resto de los países o áreas. Es el momento del gran cambio. Es el momento de planificar que hay que ir a la Luna para establecerse en ella. Es el momento de planificar que hay que llegar a Marte.

Pero, sobre todo, es el momento de planificar cómo vamos a organizar el mundo que viene, un mundo donde el trabajo no será el elemento fundamental, sino un elemento accesorio, sólo para unos pocos que de verdad quieran. Y esto se deberá, básicamente, a que el sistema ya no necesitará tantas figuras laborales, y sólo necesitará que consumamos. Poniéndolo en presente, el sistema no necesita tu fuerza de trabajo tanto como que todo el mundo consuma. Por lo tanto, lo mejor que se le ocurre hacer al sistema es pagarte para que, sin necesidad de que hagas nada (o muy poco), puedas consumir y dedicarte a viajar, a jugar a la *Play* y a hacer aquello que el sistema quiere que hagas. Es una especie de «mundo feliz» de Huxley, en el que lo más importante para toda esa masa laboral que deja de trabajar es que no moleste. Que se dedique a ser feliz. Que quiera ser feliz. Que haga lo que considere mejor o más placentero en cada momento. Pero que lo haga dentro del sistema. Eso es comunismo, pero del siglo XXI. Si Marx viviera ahora, no escribiría *El capital* tal y como lo hizo. No lo necesitaría. Marx sería parte del sistema. A Marx le consultarían la manera en la que se puede planificar el gran salto de una sociedad que ya lo tiene todo. El fin de la historia, podría decirnos Marx, ya ha llegado.

Ya no habrá alienación del ser humano. Ya no habrá explotación del trabajador. Porque nadie tendrá que trabajar. Podrá trabajar, pero no tendrá que trabajar. De tal manera que podremos tener un sistema económico donde sí habrá ricos, pero eso no les servirá para mucho. Habrá un mínimo vital cubierto, y habrá una serie de servicios más que suficientes para el común de los ciudadanos. Una nueva sociedad es lo que se está planeando. No digo que esté a favor. Digo que es el camino al que vamos, o al que nos quieren llevar; y parece que lo están haciendo con éxito. La «sociedad perfecta», la empiezan a llamar entre círculos poderosos. Las élites están convencidas de que tendremos todo, aunque no poseamos nada. Que no tendremos que pedir nada más. La tecnología nos dará la adrenalina, los deseos de cada día, el chute de positivismo... Pero algo hay diferente respecto a las novelas *1984*, de Orwell, y *Un mundo feliz*, de Huxley, y es que el ser humano estará en otra dimensión. No tendrá padecimientos, pero tampoco riquezas desorbitadas.

Será el todo planificado, el todo para el pueblo pero sin el pueblo. Será un mundo con élites que seguirán gozando de determinados privilegios, pero en el que nadie querrá someterse al estrés que conllevará el trabajo con tal de conseguirlos. Será una élite que planifique, que haga de monarca absoluto de los últimos tiempos. Y se tendrá la tecnología como ser superior, esa tecnología que todo lo consigue para ti con sólo decírselo. Y habrá una fuerza laboral sin límites, pero no de carne y hueso. Todo estará ilimitado para que todo sea para todos. Si producir algo no va a costar prácticamente nada, el precio de ese algo será prácticamente nulo.

Aunque esta descripción suponga mirar muy a futuro, hoy es la clave del espejo donde se están mirando ahora nuestras sociedades. Es un destino lejano, pero planificado. A ese mundo sin competencia hay que ir preparándolo. Hay que ir marcando el camino. Es un camino todavía lejano, pero no tanto. Depende de la velocidad con la que se trabaje y de cómo una serie de factores interactúen; y no sólo por la tecnología, sino por el desarrollo poblacional. Este modelo es cada vez más perfecto conforme más controlada está la población en cuanto a su número. La teoría del decrecimiento poblacional que hemos comentado antes (véase el capítulo 9) entra aquí en escena otra vez. Es necesario hacer sostenible el planeta para todos aquellos que quieren perpetuarse en él.

Si la tecnología nos va a llevar a un modelo en el que es posible alargar la vida muchos años (quizá, en un futuro, muchos más), entonces, según dicen las élites, sí podemos tener problemas de sobrepoblación en el planeta. Vivir unos ciento veinte años puede ser factible si conseguimos atajar el cáncer, acabar con el envejecimiento y dar con la fórmula perfecta para mantenernos en perfecto estado de salud durante más de cien años.

Todo esto juega a favor del gran cambio. Todo esto juega a favor de no dejar que haya una libre competencia que mueva al capitalismo. El liberalismo tiene otra manera de ver el mundo. Y no dudes que el liberalismo se adaptará, pero el capitalismo, tal y como lo conocemos, ya no podrá darse en ese escenario de superintervención y superplanificación. Para el liberalismo no será difícil adaptarse al nuevo modelo, pues, en el fondo, es un modelo de libertad, un modelo según el cual cada uno puede hacer aquello que considere mejor para sí mismo; y no precisamente en cuanto al empleo o al trabajo, pero sí en el día a día, sí en la vida diaria y en la elección del servicio que se quiere consumir en cada momento.

De ahí que vamos a ver una confluencia de modelos. El socialismo también tiene un papel que desempeñar en ese modelo hacia el que caminamos. Las élites buscan que cada uno de los ciudadanos tenga sus derechos y sus necesidades cubiertas, y es por ello que fundamentar todo aquello que se necesita será clave para las sociedades en el nuevo modelo al que caminamos.

El problema (aunque siempre hay uno o varios) es que hay una parte del sistema, de los países, que ahora mismo no quieren acoger el cambio. No están de acuerdo en hacer un modelo que subyugue al ciudadano en una visión común en la que éste pase a ser un mero espectador de la vida, y en el que los integrantes de una pequeña clase dirigente jueguen a ser dioses para planificar cómo avanzará el camino. Porque hay una parte de la población que puede querer pasar a ser la clase política en el nuevo modelo, que puede querer pasar a ser la clase que dirige a esos espectadores. Pero ahí no hay tanto hueco para toda la población. Habrá una selección, como ahora mismo lo hemos visto en los países comunistas. En China hay una clase dirigente, y ellos son los que planifican y ordenan todo. El resto asume y asiente.

¿Puede fracasar toda esta transición hacia el nuevo modelo? Por supuesto que sí. Pero, para ello, la tecnología tendría que fallar, la transición energética no tendría que producirse y el ser humano tendría que rebelarse contra el sedentarismo laboral al que caminamos antes de que sea demasiado tarde —y antes de que hayan aceptado los términos y condiciones de la «nueva era»—. En cuanto se haya dado el paso, el capitalismo ya no tendrá sentido, y el ser humano habrá dado un salto atrás histórico que le llevará a no poder volver sobre los pasos perdidos, y habrá puesto en las manos de la tecnología el avance hacia el nuevo modelo.

Otra opción es que una serie de países hagan saltar por los aires todo el modelo. Pero, ahora mismo, no parece que China o Rusia estén en condiciones de evitar o impedir que el salto se produzca. Es más, China es uno de los más favorecidos con el nuevo modelo. En el último siglo, China es el país que más ha llevado a cabo todo un desarrollo para adoptar algo que se asemeja a lo que ahora estamos viendo con la tecnología y el modelo de planificación tecnológica del futuro. Y ese desarrollo incluye el plan de control de natalidad y la intervención hasta en el más mínimo detalle de la vida de los ciudadanos. Es un nuevo «gran salto» en el que China ve cómo gran parte del mundo se une a ellos en un modelo soñado por los primeros comunistas —bueno, y por las siguientes generaciones—. Es la claudicación del otro modelo. Que parecía victorioso tras la Guerra Fría del siglo XX, pero cuya victoria no ha sido tal, o que ha sido pírrica, si se quiere. El capitalismo pensó que había vencido, que impondría su modelo al resto del mundo. Que haría que hasta el último milímetro comunista entendiera que el modelo que había ganado era el de la libertad, el de la competencia económica como modelo que hace progresar las sociedades. Y la realidad es que, con el paso del tiempo, ya se ve que no ha sido así. Que ahora tenemos claro que el modelo al que se apunta es diferente. Que el avance capitalista fue necesario en la historia y que Marx se adelantó a su tiempo quizá, pero que vio claro que se podía organizar la sociedad de otra manera. Pero por entonces no había la fuerza de la tecnología que vemos hoy. Marx veía una guerra de clases, pero lo que de verdad va a llegar es una claudicación ante la tecnología y ante el modelo de todo será gratis. No tendrás que esforzarte, porque no será ni necesario ni positivo para ti.

Pero hay quien hace la observación de que el capitalismo necesita reproducirse cada vez. ¿Hasta qué punto puede volver a buscar ahora una nueva manera de reproducirse para seguir existiendo o sobreviviendo? El caso más claro lo tenemos en el ámbito político, donde claramente se apuesta por una gobernanza global. Aquí, el capitalismo quiere comerse el sistema, literalmente. Quiere encontrar acomodo consiguiendo sustituir el modelo de democracias que tenemos por un modelo de gobernanza global, un gobierno *de facto* de las grandes empresas que conforman el modelo capitalista..., desde las Facebook hasta las Amazon, y que quiere eliminar las instituciones o retirarles a éstas sus capacidades, retirárselas en favor de las corporaciones.

Es menos identificable a primera vista lo que está sucediendo con el ámbito cultural, muy necesario para que el capitalismo pueda reproducirse y acabe comiéndose hasta al comunismo. Lo que pasa es que, para conseguir reproducirse, el capitalismo tiene que caminar a una especie de fascismo, encubierto, social..., más adecuado a una realidad donde hace patente que no todo tiene el mismo valor. Ni siquiera hay que respetar el hecho de que todo sea posible. Más bien lo contrario: hay que implementar el pensamiento único para poder hilvanar bien el nuevo modelo.

Y en lo puramente económico, el capitalismo tiene que enfocar una siguiente derivada hacia el concepto fundamental sobre el que gira todo: hay que mercantilizar toda la vida. Poniendo énfasis en los bienes naturales, en los servicios y, por supuesto, en lo digital, con una mirada especial al metaverso, la inteligencia artificial y la esfera de lo público. Piensa que en estos elementos podemos encontrar la garantía del negocio en la base de las necesidades humanas básicas.

Todo ello va unido a que hay que intentar por todos los medios redoblar la apuesta por la desregulación financiera a través del salto a las monedas digitales de bancos centrales (CBDC), de las que hablamos en extenso en el capítulo 6. Con una mirada que va siendo cada vez más de largo alcance, se manda una nueva figura de onda expansiva a partir del desarrollo de la automatización, de la robotización, de la economía digital y del capitalismo verde.

Todo ello encaja en una dimensión capitalista en la que se trata de eliminar toda traba democrática que se pueda poner al desempeño económico. La democracia, tal y como la entendemos hoy, no puede estar poniendo freno a los negocios y planteando un peligro para el normal desempeño económico. Todo debe tener un único freno, que es la primacía de la absoluta seguridad jurídica para poder implementar su modelo de planificación. Ése es el valor supremo. El fin último. Pero lo evidente es que, para que el capitalismo pueda reproducirse, tiene que hacer saltar por los aires la relación entre capitalismo y democracia. Aunque suene muy fuerte, capitalismo y democracia tienen que convivir en un nuevo modelo diferente, un modelo en el que el altar de la reproducción pasa a ser el derribo de la arquitectura institucional de los parlamentos, de los tribunales públicos y de las estructuras multilaterales.

Hay una definición que me parece muy destacada del

nuevo modelo y con la que el capitalismo quiere rebautizarse. Es una definición de Gonzalo Fernández, del Observatorio de Multinacionales en América Latina (OMAL), que dice: «El capitalismo del siglo XXI conforma un nuevo proyecto que desmantela los mínimos democráticos en el marco del gobierno de hecho de las empresas transnacionales, bajo un patrón de apropiación militar y corporativo del territorio».

Es decir, es un modelo que necesita hacer una especie de agujero negro contra el sistema: o bien se lo come, o bien no sobrevive. Dicho de otra forma: o bien mimetiza con el comunismo, o bien no sobrevive. Es un camaleón sin precedentes en el modelo organizativo de la humanidad. Pero, a la vez, es un ser débil, esquizofrénico y que difícilmente puede mantener su esencia; y que, por tanto, terminará por desaparecer cuando vea que no hay más camino que dejarlo todo y pasarse al bando enemigo. Y piensa que estamos hablando de una ideología, y quizá la más poderosa jamás creada por el hombre. Todo lo que le molesta, lo destroza. Acaba con todo aquello que le molesta. Todo lo que no juega a su favor, muere.

Pero, ahora, ¿podrá también rebautizarse y volver a resurgir de sus cenizas para convertirse en el «capitalismo del siglo XXI»?

El comunismo lo tiene más sencillo en este contexto. Su principal antítesis es un modelo caduco, entregado de rodillas y suplicando que lo dejen pervivir. Al comunismo le da igual. Le importa más la muerte del rival que la pervivencia de lo suyo; y, además, es capaz de volver a ponerse en pie cuando parecía que su tiempo había terminado. Precisamente por tener la misma base de creación que el capitalismo, el comunismo no deja de ser una escisión del modelo. Algo así como unos franciscanos que vuelven a la esencia. Por ello, el comunismo no necesita ser él. El comunismo necesita sangre ideológica. Necesita acabar con lo que tiene enfrente, pero puede convivir con eso mientras disfruta viendo cómo capitula su rival. El capitalismo, si ve que va a perder, se vende para continuar ahí. El comunismo, si ve que va a perder, hace sangre en su caída.

Para el comunismo, el nuevo tiempo es idílico. Parece elegido por Marx o por Engels para una fase final en la que el giro del guion es de Hollywood. El comunismo cae en 1989, pero tiene su venganza en plato frío treinta años después, con China asaltando el modelo rival, asaltando desde la base comunista el sistema capitalista, y con una Rusia que, después de haber probado un par de sorbos capitalistas, tiene la tentación de hacer un comunismo de nuevo cuño entregada a los brazos de Putin. Es como una obra shakespeariana.

Pero lo mejor de todo es que, cuarenta años después, ambos sistemas podrían llegar al mismo punto, al punto en el que los dos sean lo mismo: un modelo con un enfoque en el que hay una economía planificada, tecnocrática y de iguales económicos, sin clases en ninguno de los dos sistemas y con la sensación de que no tienen elementos verdaderamente divergentes entre ellos. Si Adam Smith viviese ahora, tal vez tendría la sensación de que el sistema ha fallado; de que el modelo ya no vale; de que ha habido un fallo general en el sistema en alguno de los momentos. Pediría dar un vistazo a lo sucedido. Vería el siglo XX de las guerras. Vería la Guerra Fría. Vería el final del comunismo. Y, entonces, dejaría de entenderlo todo; pero sólo hasta que llegara a la nueva tecnocracia que todo lo que quiere es gobernar, ya que entonces empezaría a entender que el mundo que se creó se ha entregado a una serie de élites que juegan con todos nosotros como quien tiene unas piezas de Lego y pone en jaque el modelo completo para su propio bienestar.

Probablemente, Adam Smith intentaría entender cómo el modelo tecnológico es la base de un nuevo salto, de un nuevo bautismo capitalista que puede hacer cambiar tanto el capitalismo que ya no sea lo que él pensó en su origen.

Gráfico 12.1. PIB per cápita por modelo de sistema de Estado. Desde autoritario a democrático

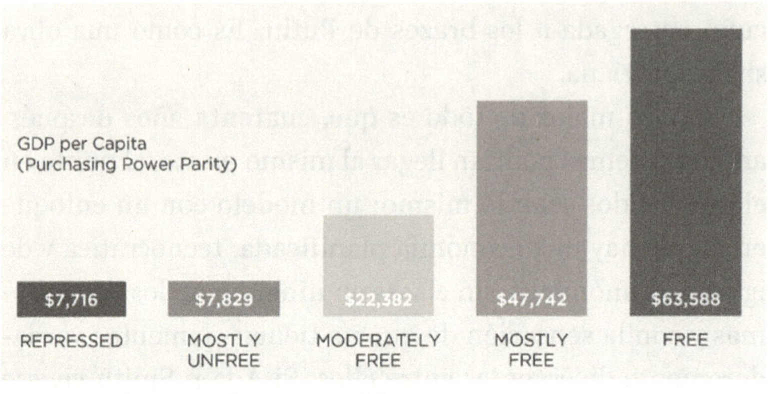

Nota: Las cifras no incluyen Corea del Norte.
Fuentes: Terry Miller, Anthony B. Kim y James M Roberts, 2019, Index of Economic Freedom (The Heritage Foundation, 2019), <http://www.heritage.org/index>, y Fondo Monetario Internacional, World Outlook Database, abril de 2018, <http://www.imf.org/external/pubs/ft/weo/2018/01/weodata/weoselgr.aspx>.

Y, mientras tanto, el comunismo sigue retorciéndose de risa al ver cómo ha ganado la batalla en el medio plazo, cómo ha sabido recuperarse del gran golpe que parecía haberle dado el capitalismo en el final de la Guerra Fría. Sin embargo, ahora tiene a su principal ejemplo económico, China, a punto de ser la primera economía del mundo. Algo que la Unión Soviética nunca llegó a conseguir, lo cual siempre vieron los soviéticos como el último escollo para hacer ver que el modelo que defendían era el mejor para el ciudadano.

Aun así, el sistema comunista global tiene mucho que mejorar para implementar un modelo de éxito final que se parezca al de China y saque de la pobreza a una gran cantidad de su población, como ha hecho el gigante asiático. Y la represión y la falta de libertades es el elemento que peor está funcionando ahora mismo para ese comunismo. El gráfico 12.1 muestra la relación entre el PIB per cápita y el grado de libertad económica y social; en él vemos cómo el PIB per cápita es menor en los países donde la represión está a la orden del día, y mayor en donde existe libertad.

Y, de entre quienes viven en la represión y con falta de libertades, hay que ver quiénes están a la cola. Y ahí tenemos los modelos de comunismo que no han sido bien implementados o que el capitalismo ha conseguido aislar de tal manera que les ha impedido desarrollarse de manera eficiente, como Venezuela o Corea del Norte. (Véase el gráfico 12.2.)

Gráfico 12.2. Desarrollo económico en países con represión alta

REPRESSED (49.9-40)

RANK	COUNTRY	OVERALL	CHANGE
160	Niger	49.5	-1.3 ∨
161	Sudan	49.4	+0.6 ∧
162	Chad	49.3	+0.3 ∧
163	Central African Republic	49.2	-2.6 ∨
164	Angola	48.6	+0.1 ∧
165	Ecuador	48.5	-0.8 ∨
166	Suriname	48.1	+0.1 ∧
167	Timor-Leste	48.1	+1.8 ∧
168	Togo	47.8	-5.4 ∨
169	Turkmenistan	47.1	-0.3 ∨
170	Mozambique	46.3	-3.6 ∨
171	Djibouti	45.1	-1.6 ∨
172	Algeria	44.7	-1.8 ∨
173	Bolivia	44.1	-3.6 ∨
174	Zimbabwe	44.0	0.0 —
175	Equatorial Guinea	42.0	-3.0 ∨
176	Eritrea	41.7	-0.5 ∨
177	Republic of Congo	38.9	-1.1 ∨
178	Cuba	31.9	-2.0 ∨
179	Venezuela	25.2	-1.8 ∨
180	North Korea	5.8	+0.9 ∧

Y, claro, enfrente tienen un modelo capitalista que ha conseguido el milagro que se muestra en el gráfico 12.3, que expresa cómo ha despegado el bienestar en el mundo y cómo estamos ahora en la mejor posición de la historia, sin matices. Y pensemos que, en parte, ese bienestar es debido al desarrollo de la libertad que nos ha traído el liberalismo y el capitalismo.

En los últimos dos mil años se ha producido un crecimiento vertiginoso del producto de la actividad humana (llámese PIB o como se quiera), y creció más cuando nació y creció el capitalismo y cuando la humanidad entendió la libertad y fue, poco a poco, adentrándose en ella. También contribuyeron a ello los orígenes del comunismo, que ayudaron a hacer más humano ese primer capitalismo.

Gráfico 12.3. PIB mundial en los últimos dos milenios

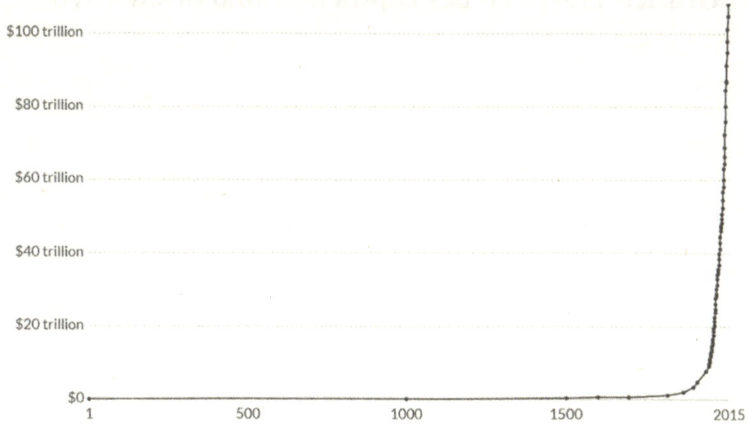

Fuente: Our World in Data, a partir de datos del Banco Mundial y de Maddison Project Database (2017).

En el gráfico 12.4 se puede ver el desarrollo vertiginoso del PIB per cápita en el siglo xx, por áreas y en el conjunto del mundo.

Nada iguala en la historia a la pelea entre capitalismo y comunismo para entrever cuál ha sido el mejor momento de la humanidad. Esa competencia que hemos vivido en el último siglo deja paso ahora a un nuevo momento histórico. El futuro próximo depende del éxito del nuevo bautismo del modelo híbrido de capitalismo y comunismo al que nos dirigimos, de la mano de los tecnócratas. Eso parece ser lo que nos espera, a menos que la propia humanidad no se rebele para no dejar de ser humanidad como la hemos conocido desde su origen, y prefiera dar un paso atrás para volver a sus esencias y tirar por tierra todo lo vivido en las últimas décadas. Y, hasta en ese caso extremo, el capitalismo podrá rebautizarse.

Gráfico 12.4. PIB per cápita mundial desde 1870

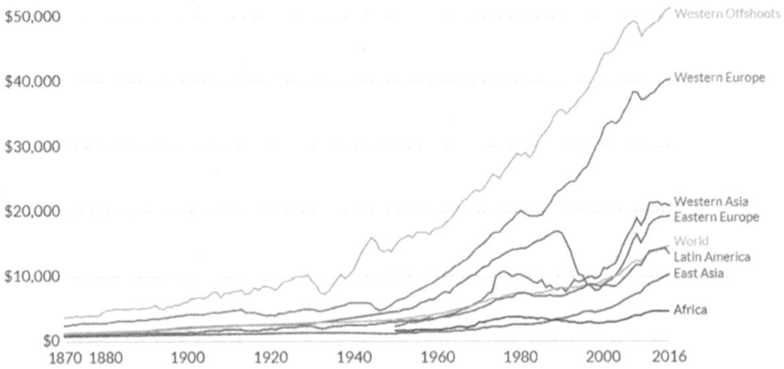

Nota: Estas series se ajustan en función de las diferencias de precios entre países utilizando varios años de referencia, por lo que son adecuadas para comparar los niveles de renta de diferentes países en distintos momentos.
Fuente: Our World in Data, a partir de datos de Maddison Project Database (2018).

El mundo afronta un cambio sin precedentes en el que hay más oculto que visible ante nuestros ojos. Es nuestra responsabilidad seguir con los ojos abiertos buscando lo que la economía esconde, lo que los tecnócratas nos esconden y lo que las élites quieren llevar a término subrepticiamente para que no seamos capaces de reconocer lo que está sucediendo.

El capitalismo podrá mutar, podrá rebautizarse y podrá mimetizarse con el comunismo, pero lo evidente es que lo que pase en un futuro será responsabilidad de la humanidad (o de una gran parte de ella), será así porque la humanidad lo ha permitido o promovido. Lideremos el futuro que nos pertenece, abramos los ojos ante lo que esconde el mundo que nos rodea y venzamos a aquellos que quieren imponernos una sociedad mundial que no está hecha para nosotros, un mundo de máquinas sin seres humanos, un mundo de seres humanos idiotizados con unas gafas de realidad virtual que llevan a un mundo que no nos pertenece y en el que no queremos estar. Decidamos si queremos que las máquinas hagan nuestro trabajo y mantengamos el poder de trabajar por nuestra vida. Alejémonos de los falsos profetas que nos prometen lo imposible a cambio de nuestra seguridad. Y analicemos con detalle las monedas digitales que quieren imponernos un modelo de encadenamiento social para tenernos totalmente controlados.

Abramos los ojos, cojamos el poder y el control de la historia. Somos capaces y podemos lograrlo. El ser humano es el ser más poderoso de todo lo conocido. No dejemos que nos arrebaten a nosotros de nosotros mismos. Lideremos el futuro; un futuro humano, no un futuro de unos y ceros, sino un futuro de sensaciones, de experiencias y de vida. Busquemos un futuro real y en este universo, no un futuro en ningún metaverso.

Buen día y buen negocio.